Abaellino der große Bandit

Heinrich Zschokke

Alpha Editions

This edition published in 2022

ISBN : 9789356894037

Design and Setting By
Alpha Editions
www.alphaedis.com
Email - info@alphaedis.com

Contents

Vorrede.

Troz dem, daß man in unserm Decennio nur romantische Szenen der Vorwelt, Rittergeschichten, Sagen der Vorzeit, Begebenheiten aus den Tagen des Faustrechts lesen will, schreib ich doch, wenn ich denn einmal etwas zum Lesen schreiben will, nichts davon. Ich habe den Grundsaz, der Schriftsteller müsse sich nie nach den Launen der Leser, sondern der Leser nach den Launen des Dichters bequemen. All unsre Romanschreiber, die dem Publikum mit Rittermärchen aufwarten, haben eine große Aehnlichkeit mit den Musikanten, die nach der Laune der Tänzer bald eine Menuet leiern, bald einen Walzer geigen müssen.

Sobald ich nun einmahl den Einfall habe meinen Lesern etwas zu erzählen; so ists mir gleichviel, was ich ihnen erzähle, aber mehr darauf denk' ich wie ich ihnen erzähle. Es gilt mir gleichviel, ob ich ihnen ein morgenländisches oder abendländisches Märchen, eine Lüge oder Wahrheit vorschwazze, aber in allen diesen Plaudereien bemühe ich mich die Natur, wie sie ist, oder sein könnte, darzustellen. Ich nehme gewisse Karaktere und führe sie durch eine Reihe von Situazionen, und beobachte, wie sie sich in all diesen Verhältnissen ausnehmen. Darüber freu' ich mich selber.

Aber diese Karaktere, so genau ich sie auch immerhin zeichnen mag, pflegen gewöhnlich am Ende der Geschichte ganz anders dazustehn, als im Anfang. Nun muß man darüber nicht böse werden und denken: die Karaktere werden sich untreu! nein. Ein andres ists mit der Schilderung des Menschen im Roman, und ein andres in dem Drama.

Das Drama umfaßt, wenn es regelmäßig ist, nur einen kurzen Zeitraum. In einem Tage oder drei Stunden verwandeln sich die Menschen nicht so leicht — hier kann sich ihr Karakter von der ersten bis zur lezten Szene gleich bleiben; hier veranlassen die Karaktere gewisse Ereignisse, Handlungen, und große Begebenheiten.

Aber im Roman veranlassen und bilden gewisse Ereignisse und Begebenheiten den Karakter des Menschen, wiewohl auch dieser Einfluß auf jene hat; das menschliche Gemüth wenn es durch eine Reihe von Begebenheiten geführt wird, nimmt von der Farbe einer jeden etwas an sich, diese vermischet sich endlich und daher oft der bunte Karakter mancher Menschen. Drängt sich der Sterbliche durch viele schwarze Situazionen, kein Wunder, wenn seine Gemüthsstimmung zulezt dunkel und ernst wird; wird er geführt durch rosenfarbne Verhältnisse, wer wundert sich dann noch über seinen frohen Humor?

Aber nicht genug, daß ich Menschenkaraktere unter allerlei Gesichtspunkten und Verhältnissen betrachte: so hab ich auch das einzig mögliche Prinzip jeder psychologischen Aesthetik, den Zwek der edlen Kunst stets vor mir, wodurch die Künste allein zur möglich erhabensten Stufe der Vollkommenheit emporgeführt werden können:

Regelmäßige Mittheilung guter Empfindungen.

Und erreiche ich diesen Zwek, errege ich in meinen Lesern nur dann und wann das moralische Gefühl, jenes reine Wohlgefallen an große, tugendhafte Handlungen und Gesinnungen, schwillt von Liebe, Mitleid und Freundschaft nur ein Busen; spricht nur ein Leser zu sich selber: handle in deinen Verhältnissen, bei deiner Erziehung, bei deinen Kenntnissen so gut, so schön, als dieser, oder jener in dieser Erzählung; fache ich nur einem Herzen den Enthusiasmus für Sittlichkeit und Tugend an, dann — dann hab ich überwunden, dann ruf' ich: Triumph! auch die mir sparsam zugemessenen Augenblikke der Einsamkeit und Erhohlung von ernstern Geschäften sind meinen Mitbrüdern wohlthätig geworden!

So, meine Leser, kleid' ich in das Gewand der Fabel Natur und Wahrheit, und bezielte jeder Dichter diesen herrlichen Gegenstand, wahrlich: so würden wir nicht so viel unleidliches, geistloses Gewäsch anhören müssen, woran sich heuer unsre entnervten Knaben und Mädchen bas ergözzen; so würden unsre Kunstrichter und Rezensenten nicht auf die Fabel, sondern auf ihren innern Werth, nicht auf das Continens sondern das Contentum sehn. Der Dichter ist in dieser Rüksicht zu beurtheilen wie ein Maler, der Ideale oder Wirklichkeiten, Menschen mit Flügeln, oder im Uiberrok hinzeichnet, nicht um der Flügeln, oder um des Uiberroks willen, sondern um Empfindungen des Guten, Edlen und Schönen im Zuschauer zu entwikkeln.

Leute, die mich persönlich kennen, dürften mir auch hier wieder den Vorwurf machen: warum schreiben Sie nichts solideres, nichts nüzlicheres?

Antwort: sobald ich fühle, etwas Neues, Gutes, Nüzliches in andern Disziplinen der menschlichen Erkenntniß anzeigen zu können, werde ich nicht dazu träge sein. Aber das Sprüchwort: quid valeant humeri, quid ferre recusent bedenk' ich auch hier.

Der Dichter ist überdies, wenn er den Zwek seiner Bestimmung erreicht, der menschlichen Gesellschaft so nützlich, als der Staatsmann im Ministerio und der Gelehrte auf dem Katheder. Ein elender Dichter im Gegentheil ist eine eben so große Null in der Schöpfung, als das Genie eines Holzhakkers im Ministerio und ein geistloser Kohlkopf auf dem Katheder.

Ich wünschte gern durch Winke guter Kunstrichter das erhabne Ziel des Dichters erreichen zu können — also keinen Vorwurf darüber, daß ich — nur einen Roman schrieb! —

Amen!

Erstes Buch.

Erstes Kapitel.
Venedig.

Es war Abend. Ungeheure Wolkenstreifen, halb vom Schimmer des Mondes erleuchtet, bogen sich rippenförmig am Horizont hinab und durch ihnen schwamm der Vollmond in stiller Majestät hin, und sah sich verherrlicht von jeder Welle des adriatischen Meers. Still wars umher, leise tanzten die Wogen am Winde, leise hauchte der Nachtwind über die todten Palläste Venedigs hin.

Da sas noch ein junger Mann, einsam und traurig in der Mitternachtsstunde am langen Kanal; bald hob er das Auge zu den stolzen Zinnen und Thürmen von Venedig empor, bald senkte er den Blik in die Wellen. Nach einer Weile sprach er:

„Verdammt! da sizze ich nun in Venedig, und weis nicht, wie weiter! Was soll daraus werden? Alles schläft, nur ich nicht. Der Doge wälzt sich auf seinem Dunenlager, der Bettler auf seinem Strohbett — und ich lieg hier auf der kalten, nakten Erde. Der elendeste Gondelier, der ärmste Bootsknecht kennt am Tage seine Arbeiten und Nachts seine Ruhestatt, und ich — und ich — o es ist ein schrekliches Schiksal, das mit mir sein Spiel treibt! —"

Er fing an seine Taschen zu untersuchen, mit den Fingern jede Falte des Kleides zu biegen, und zu visitiren.

„Auch keinen Heller! — und mich hungert doch!"

Er besah seinen Degen im Mondschein und seufzte: „Nein, alter, treuer Gefährte, dich verkauf ich nicht; sollst mein bleiben und wenn ich verhungerte. Nicht wahr, damahls wars noch goldne Zeit, als dich Emmoine mir gab, mir das Bandelier über die Achseln warf, und ich dich und Emmoinen küßte — (Pause) Sie ist nun tod, wir beide leben noch!"

Er wischte sich eine Thräne von den Wimpern.

„Nein, das war keine Thräne; die Nachtluft geht kühl und da wird das Auge leicht nas. (Lächelnd) Hm, ich weinen! — weinen! ha, ha, ha! —"

Der Unglükliche, dies schien er, wenigstens seinen Reden nach zu sein, stämmte den Ellbogen auf die Erde, wollte mit den Zähnen knirschen — und pfiff. — „Ich müßte nicht Ich sein, dachte er bei sich: wenn ich kleinmüthig würde unter dem Fluch des Schiksals."

In dem Augenblik hörte er in der Nachbarschaft ein Geräusch. Er sah in einem vom Monde halbhellen Nebengäschen einen Kerl auf und niederschleichen.

„Den führt mir Gott zu — ich will — ich will betteln! Betteln ist keine Schande, aber neapolitanische Schurkereien schänden. Auch, der Bettler kann gros denken."

Mit diesen Worten sprang er auf und ging in die Winkelstraße. In eben den Moment trat von der andern Seite ein Mensch in diese Gasse. Der schleichende Kerl trat mit einemmale in den Schatten zurük, als verstekte er sich vor dem Ankommenden.

„Was soll das bedeuten?" dachte unser Bettler: „ist der Schleicher dort etwa ein unbefugter Handlanger des Todes? haben ihn auch Vettern und Basen bestochen, um das Geld desto ruhiger in Besiz zu nehmen, was dem armen Schelm izt noch angehört, der dort so unbefangen herschlendert? warte!"

Er zog sich in den Schatten zurük und schlich dem Lauerer nahe, der keine Bewegung machte. Der fremde Mann war schon dem Lauerer und unserem Bettler vorüber, als jener mit bangen Schritten rasch hinter ihn her schlich, die rechte Hand erhob, worinn ein Dolch schimmerte, und eh' er sich versah von dem Bettler zu Boden gestürzt wurde.

Der fremde Herr drehte sich um; der Bandit sprang auf und entfloh; der Bettler lachte.

„Was war das?" fragte der Fremde?

„„Ein Spas, der Euch, mein Herr, das Leben rettete.""

„Mir? Wie so?"

„„Die flüchtige Massette schlich hinter Euch her wie ein lauernder Kater und hatte den Dolch schon gehoben. — Ich dachte Ihr gäbet mir dafür ein Stück Geld, denn bey meiner armen Seele, mich hungert und dürstet und friert.""

„Euch Spitzbuben, und eure Kniffe kennt man; Ihr habt euch zu dem Spas beredet, um mir die Börse abzuplündern und einen großen Dank für mein gerettetes Leben dazu. Geht mir, geht, und grellt die Leichtgläubigkeit des Dogen selber, nur an Buonarotti wagt euch nicht!"

Der arme, hungernde Bettler stand bestürzt da und sah den pfiffigen Herrn an.

„Nein, so wahr ich lebe, Herr, ich lüge Euch nichts vor — es ist mein Ernst, ich sterbe die Nacht vor Hunger."

„„Geht, sag ich Euch, oder — —"" der Unbarmherzige zog bey diesen Worten ein geheimes Schiesgewehr hervor und drohte.

„Donner und Wetter, bezahlt man in Venedig die guten Thaten so?"

„„Die Sbirren sind in der Nähe, wie Ihr wißt, also — —""

„Zum Teufel, seht Ihr mich denn für einen Banditen an?"

„„Ich sage Euch, mache keinen Lärmen!""

„Hört, Buonarotti heißt Ihr? ich will mir doch den Namen des zweiten Schurken aufschreiben, den ich in Venedig kennen lernte. (Mit schreklicher Stimme) Und wenn du, Buonarotti, jemals den Namen Abaellino hören solltest, dann zittre!"

Abaellino drehte sich um und verlies den Unerbittlichen.

Zweites Kapitel.
Die Banditen.

Der Unglükliche durchkreuzte izt Venedig, er haderte mit dem Schiksal, lachte und fluchte, stand zuweilen still, als übersänn' er einen großen Plan, eilte zuweilen fort, als flög er ihn zu vollführen.

An einem Ekstein der prächtigen Signoria gelehnt, überdachte er die ganze Summe seines Elendes. Es schien sein irres Auge Trost zu suchen, aber er fand ihn nicht.

„Das Schiksal bat mich zum Abentheurer oder gar zum Bösewicht verdammt! tief er in einer Ekstase seines Mismuths: denn warum muß der Sohn des reichsten Neapolitaners als Bettler, die Barmherzigkeit der Venetianer anflehen? Ich, der ich Geist und Kraft zu großen Thaten in mir fühle, muß hier umherschleichen und darauf sinnen, wodurch ich mir das Leben wider den Hunger bewahre. Menschen, die ich sonst satt fütterte, die an meiner Tafel im Cyprier ihre Mükkenseelen berauschten und die Lekkerbissen fremder Welttheile von meinen Schüsseln naschten, werfen mir jezt keine verschimmelte Brodrinde zu. — O, das ist abscheulich, abscheulich von Menschen und vom Himmel! —" Er schwieg, schlug die Arme untereinander und seufzte: „Doch, nein, so ists recht, ich will alle Grade des menschlichen Elendes durchwandern, und allenthalben mir gleich bleiben, und allenthalben gros sein. — Jezt bin ich nicht mehr der Graf Obizzo, um den Neapel einst buhlte — ich bin der Bettler Abaellino. Ein Bettler! in der Ordnung menschlicher Stände der lezte, aber doch — im alphabetischen Namenverzeichnis aller Hungerer, Pflastertreter und Taugenichtse der erste!"

Ein Geräusch entstand. Abaellino horchte umher, er war den Schleicher gewahr, den er vor einer halben Stunde zu Boden geworfen hatte, in Gesellschaft dreier andern. — Sie suchten. „Und sie suchen dich!" sagte Abaellino leise zu sich selber, und gieng ein paar Schritt vor, und pfiff ihnen.

Die Kerls blieben stehn. Sie besprachen sich unter einander und schienen unentschlossen zu sein.

Abaellino pfiff zum andernmal.

„Er ists!" hörte er einen von ihnen deutlich genug sprechen — und in dem Augenblik kamen sie langsam gegen ihn angewandert.

Abaellino blieb stehn, und zog den Degen. Die drey Verkappten standen einige Schritte von ihm entfernt.

„Was soll das? he, warum ziehst du Gauch den Degen?" fragte einer von ihnen.

„„„Wir müssen uns nicht zu nahe kommen, denn Ihr guten Leute lebt vom Leben anderer, ich kenn' euch;""" antwortete Abaellino.

Ein Kerl. Galt nicht dein Pfeifen uns?

Abaellino. Nun ja.

Ein Kerl. Was willst du?

Abaellino. Hört, ich bin ein armer Schelm, gebt mir doch von eurer Beute ein Allmosen.

Ein Kerl. Allmosen? ha, ha, ha! mein Seel, das ist lustig! Allmosen von uns! doch, es gefällt mir, warum nicht?

Abaellino. Oder strekt mir funfzig Zechinen vor, ich will mich zu euch in den Dienst geben und die Schuld abarbeiten.

Ein andrer. Wer bist du denn?

Abaellino. Zur Stunde der ärmste Schlucker in der Republik. Kräfte hab ich, und lägen drei Panzer vor einem Herz, ich durchbohr' es; und Augen, daß ich in egyptische Finsternis nicht fehlstoßen würde.

Ein dritter. Warum warfst du mich vorhin nieder?

Abällino. Geld zu verdienen; aber der Kerl gab mir für sein Leben keinen rothen Heller.

Ein andrer. Das gefällt mir! meinsts redlich?

Abällino. Die Verzweiflung lügt nicht.

Der dritte. Kerl, wenn du aber ein Schurke wärst!

Abaellino. So wären wir nicht weit von einander — und eure Dolche sind ja immer geschliffen.

Die drei gefährlichen Burschen sprachen leise mit einander und stekten ihre Gewehre ein.

„Na, komm zu uns, hier auf der Straße läßt sichs nicht gut von gewissen Sachen reden.“ Sprach einer.

„„„Aber weh euch, wenn einer feindseelig wider mich handelt! Du Kerl, vergieb mir, daß ich dir vorhin die Rippen etwas zerdrükte — es soll nicht wieder geschehn! Ich will euer Gesell werden!“““ sagte Abaellino.

„Auf Ehre, riefen alle; wir thun dir nichts Leides; der ist unser Feind, der dir übel thut, ein Kerl wie du, gefällt uns! komm!“

Sie giengen, Abaellino in ihrer Mitte. Mistrauisch schielte er von allen Seiten, aber in den Banditen schien kein böser Gedanke zu erwachen, Sie führten ihn seitwärts, gelangten an einen Kanal, sie banden eine Gondel los, sezten sich ein und ruderten zur entlegensten Spitze Venedigs. Man stieg aus; durchkroch verschiedne enge Straßen; klopfte endlich an ein niedliches Haus; ein junges Weib schlos auf, führte die Herrn in ein simples, aber reinliches Zimmer und beantlizte den bestürzten halbfrohen, halbängstlichen Abaellino, der noch immer nicht wußte, woran er war, und immer noch an der Sicherheit der Banditenparole zweifelte.

Drittes Kapitel.
Die Banditenwohnung.

Die drey Herrn vermehrten sich bald durch zwei Neuankommende, die ihren unbekannten Gast von allen Seiten betrachteten.

„Nun laß dich doch beschauen!“ riefen die Führer und Bekannten des Abaellino, und stellten sich beym Schimmer einer brennenden Lampe um ihn her.

„Pfui, ein häslicher Bube!“ rief Molla, so hies die Wirthin und drehte sich von ihm hinweg und Abaellino wälzte einen gräslichen Blik auf sie hin.

„Kerl, sezte ein andrer hinzu: dich hat die Natur schon zum Banditen gestämpelt; welchem Zuchthause bist du entronnen, welcher Galeere hast du Valet gesagt?“

Abaellino stämmte die Arme in die Seite. „Desto besser, sagte er mit einer heisern, fürchterlichen Stimme: so darf der Himmel zu meiner künftigen Lebensart nicht sauer sehn, wenn er mich selber dazu geschaffen hat.“

Die fünf Herrn giengen beiseite und besprachen sich mit einander; den Stof ihrer Unterhaltung können wir leicht errathen. Abaellino warf sich schweigend auf einen Sessel.

Nach einigen Minuten kamen sie wieder zu ihm. Der stärkste und wildeste von ihnen trat hervor, und redete Abaellino'n an.

„Höre, Venedig ernährt fünf Banditen, wie du sie hier siehst, und für den sechsten, der du bist, wird sich auch Brod finden. Ich bin Matteo und der älteste von allen, der Rothkopf dort heißt Baluzzo, der mit dem glimmernden Kazzenauge da ist Thomas, ein Erzschelm; der Kerl dort, dem du die Rippen zerschelltest, ist Petrini, und der Wicht, der da bei der Molla steht, mit den dikken Mohrenlippen, ist Struzza. Jezt kennst du uns alle. Wir wollen dich zünftig machen, weil du ein armer Teufel bist; aber höre, bist du auch ein ehrlicher Kerl?"

Abaellino lächelte, oder vielmehr grinste, und brummte: mich hungert!

„Bist du ein ehrlicher Kerl?"

„„Das soll die Folge entscheiden.""

„Sieh, Bursch, die erste Treulosigkeit kostet dir das Leben. Wirf dich dem Dogen in den Schoos und umschanze dich mit aller Macht der Republik, wir ermorden dich im Arm des Dogen, hinter hundert Kanonen. Sez dich auf den Hochaltar, wir schleppen dich vom Kruzifix hinweg und ermorden dich. — Kerl, besinne dich, wir sind Banditen!"

„„Das weis ich. Aber gebt mir nur Essen, dann will ich plaudern, so viel ihr wollt. Ich habe seit vier und zwanzig Stunden fasten müssen.""

Molla dekte einen kleinen Tisch, trug nach ihrem besten Vermögen auf und füllte die silbernen Becher mit herrlichem Wein.

„Wenn er nur leidlicher, nur wie andre Menschenkinder aussähe!" brummte sie: „aber seiner Mutter ist gewiß in ihrer Schwangerschaft der Teufel erschienen, und da kam denn die abscheuliche Larve zur Welt!"

Abaellino lies sich nicht stöhren, sondern aß und trank als wollte er sich für ein halbes Jahr satt essen. Die Banditen sahn ihm mit Wohlgefallen zu, und stießen auf die glükliche Eroberung an, die sie hier gemacht hatten.

Will sich der Leser diesen Abaellino denken, so stelle er sich einen jungen, starken Kerl vor, von dem man sagen würde, er sei schön geformt, wenn nicht das häslichste Gesicht, welches je ein Karrikaturmaler ersonnen, oder Milton dem häslichsten seiner gefallenen Engel aufgesezt, die übrigen Schönheiten entstellte. Schwarz und glänzend, aber weich und lang flog sein Haar verwildert ihm um den braunen Hals und um das gelbe Gesicht. Der Mund schien in einer ewigen Verzerrung zu grinsen und dehnte sich bis zu den Ohren aus; die Augen lagen tief ins Fleisch vergraben und zeigten fast immer das Weisse; die gröbsten Züge, die je ein Holzschnittsgesicht aufzuweisen hat, traf man hier in einer abscheulichen Zusammensezzung an, und verlegen war man, ob diese widerliche Physiognomie Dummheit oder Tükke des Herzens, oder beides zugleich verrieth.

„Nun bin ich satt!" brüllte Abaellino, und stürzte den vollen Weinbecher hinter. „Was habt ihr nun zu fragen, ich bin bereit zu antworten."

„Ich dächte, hub Matteo an: ich dächte, du legtest einmahl ein Probestük von deiner Stärke ab, denn diese kömmt bei uns sehr in Anschlag. Bist du gewandt im Ringen."

„„Ich weis nicht.""

„Molla, sezz' alles beiseite! — Abaellino, mit wem nimmst du's unter uns auf? wen glaubst du so niederschmeisen zu können, wie den Poeten da, den Petrini?"

„„Euch alle, wie ihr da seid, und ein halbes Duzzend solcher Lumpenbunde dazu!"" rief Abaellino, warf den Degen auf den Tisch, sprang auf und schielte die Bande an.

Die Kerls lachten.

„Na, macht das Probestük!" rief Abällino! was zaudert ihr.

„Hör, Bursche, entgegnete Matteo: versuchs mit mir allein; und fühle erst, wer wir sind! denkst du, es stehn hier Knaben, oder saftlose Süsherrchen, die ihre Kraft in den Eiderdunen verschwizzen, oder feilen Mezzen vergeuden, oder dem Onan opfern?"

Abaellino lachte. — Matteo wurde wild; die übrigen jauchzten.

„Halloh!" rief Abaellino: „ich habe Lust zu rasen, macht euch gefaßt!" und in einen Klumpen stürzte er zusammen, warf den Riesen Matteo über sich hin, wie eine Puppe, schleuderte den Baluzzo rechts, den Petrini links, kehrte dem Thomas das oberst zu unterst, und strekte den Struzza unter die Bänke.

Drei Minuten lagen die Ueberwundnen ohne sich zu regen am Erdboden umher, und Abaellino jauchzte und die bestürzte Molla zitterte bei dem schreklichen Schauspiel.

„Beim heiligen Klas! rief Matteo und rieb sich die mürben Schenkel: der ist unser Meister! Molla, dem Kerl ein gutes Nachtlager!"

„„Er hat mit dem Teufel einen Bund!"" murmelte Thomas, und renkte die verschobne Gelenke in ihre Fugen.

Niemand war nach einem neuen Probestük lüstern; spät wars in der Nacht, oder vielmehr, es graute der Morgen schon über das Meer empor und jeder begab sich in sein Schlafgemach.

Viertes Kapitel.
Banditenphilosophie.

Abaellino, dieser furchtbare Riese, konnte nicht lange, ohne sich eine unbegränzte Hochachtung von allen seinen Spiesgesellen zu erwerben, in der Mitte dieser Leute leben. Jeder liebte, jeder schäzte ihn, wegen seiner Banditentalente, wozu nicht allein die ungeheure Kraft seines Körpers, sondern auch seine Klugheit, sein Wiz zu dummen Streichen gehörte. Auch die kleine Molla hätte ihn wohl geliebt, aber — er war gar zu häslich.

Matteo war, wie Abaellino nun bald erfuhr, der Herr dieser gefährlichen Bande. Er war ein raffinirender Bösewicht, unerschrokken vor jeder Gefahr, wizzig und schlau und gewissenloser, als ein französischer Finanzpächter. Er empfing die Beute und die Bezahlung, welche seine Untergebnen täglich einbrachten, gab davon jedem sein Theil und behielt für sich selbst nie mehr, als jeder andre bekam. Die Zahl derer, welche er schon in die andre Welt befördert hatte, war schon zu gros, als daß er sie angeben konnte. Sein größtes Vergnügen war, in einsamen Stunden diese Mordgeschichten zu erzählen, um durch sein Beispiel die andern zu begeistern. Er hatte seine besondre Rüstkammer; hier fand man Dolche von verschiednen Gestalten, mit und ohne Widerhaken, breit, zwei- drei- und vierschneidig. Hier fand man Windbüchsen, Terzerole, Pistolen gros und klein; Gifte verschiedner Art und verschiedner Wirkung; Kleider zu allen möglichen Verkappungen; Mönchs- Juden- Taglöhner- Senatoren- Soldaten- Bettlertrachten.

Eines Tages rief er den Abaellino zu sich. „Höre, sagte er: Du wirst ein braver Kerl werden, das seh ich voraus. Fange nun auch an, das Brod, was wir dir geben, selber zu verdienen. — Hier hast du einen Dolch vom feinsten Stahl; du läßt dir jeden Zoll daran bezahlen. Stichst du nur einen Zoll tief in das Fleisch deines Gegners, so foderst du von dem, der dich besoldete, eine Guinee. Zwei Zoll, zehn Guineen; drei Zoll zwanzig, der ganze Dolch so viel du selber willst — das ist so die Taxe. Hier hast du einen gläsernen Dolch; an ihn hängt der unfehlbare Tod dessen, dem er ins Fleisch gestossen wird — kaum ist der Stich geschehn, so brichst du ihn in der Wunde ab, das Fleisch schließt sich über die abgebrochne Spizze zusammen, die bis zum Auferstehungstage darin ihr Quartier behält. — Hier dieser metallne Dolch bewahrt in seiner Höhlung ein subtiles Gift; stoß ihn, wem du willst, in den Leib, drükke hart an diese Feder, und du sprüzzest in eben den Augenblik den Tod in die Adern des Verwundeten. — Nimm die Dolche, ich gebe sie dir zum Geschenk, ein Kapital, das goldne, schwere Zinsen trägt!“

Abaellino nahm die Mordinstrumente mit einem leisen Schauer in die Hand. —

„Ihr müßt euch doch schon ein großes Vermögen zusammengestohlen haben!“

„„Schurke, entgegnete Matteo beleidigt: wer stiehlt unter uns. Hältst du uns für Straßenräuber, Beutelschneider, oder für Verwandte dieses Lumpengesindels?““

„Vielmehr für noch etwas ärgers; denn offenherzig gesprochen, Matteo, jene plündern doch nur die Schränke und Geldbörsen, die sich immer wieder füllen lassen, aber wir nehmen dem Menschen ein Kleinod, das er nur einmahl hat und einmal nur verlieren kann. Sind wir nicht noch tausendmahl ärgere Räuber?“

„Beim heiligen Klas, Abaellino, ich glaube, du willst moralisiren?“

„„Ha, ha, ha, ha!““

„„Nun was schwazzest du da?““

„Höre, Matteo, noch eine Frage: wie finden wir uns dereinst mit dem Weltrichter ab?“

„„Ha, ha, ha!““

„Glaube nicht, daß es dem Abaellino am Muth fehlt; sieh, ich will auf deinen Befehl das halbe Venedig erwürgen, aber — —“

„„Närrchen, als Bandit mußt du dich über die Fabel von Tugend und Sünde hinweg sezzen. Was ist Tugend, was ist Laster? nichts, als ein Etwas, welches die Landesverfassung, Gewohnheit, Sitte, Erziehung geheiligt hat; und was Menschen heiligen, können auch Menschen entheiligen; hätte der Senat die freimüthigen Urtheile über die venetianische Polizei nicht verboten: so wäre die Aeusserung solcher Urtheile keine Sünde. Gott frägt nicht nach Menschensazzungen, sondern nach seinem Willen. Wen er von uns zur Seligkeit bestimmt hat, der wird einmal selig, und wen er verdammt hat, der bleibt verdammt in alle Ewigkeit, und wenn er gleich nach menschlicher Meinung ein Heiliger wäre. Also über die Sorgen sezz' dich hinweg. Wir sind Menschen, so gut wie der Doge und seine Senatoren; wir können so gut, wie sie Gesezze geben, und aufheben, und bestimmen, was Sünde und Tugend sein soll.““

Abaellino lächelte.

„„Sagst du, wir treiben ein ehrloses Gewerbe? was ist Ehre? ein Wort, ein leerer Schall und ein leeres Hirngespinnst. Der Knikker sagt: Ehre ist es reich zu sein, und die Goldstükke zu Tausenden zählen zu können. Ehre, sagt der

Wollüstling, ist es von jedem Mädchen angebetet zu werden und jedes schöne Weib zu besiegen. Nein, sagt der Feldherr, Städte zu erobern, Armeen zu schlagen, Dörfer zu verheeren, das bringt Ehre. Der Gelehrte sezt seinen Ruhm in die Menge der Folianten die er geschrieben, oder gelesen hat; der Kesselflikker in die Kunst Scherben wieder genau zusammen zu kitten; die Nonne in der großen Zahl ihrer Andachtsübungen; die Weltdame in die Menge ihrer Vergötterer; die Republik in die Größe ihrer Provinzen und so, Freundchen, sezt jeder seine Ehren in etwas anders. Warum ist es ehrlos, wenn wir uns in unsrer Kunst Glanz und Vollkommenheit erringen.""

„Schade, an dir verliert der Lehrstuhl einen braven Philosophen."

„„Meinst du? sieh nur Abaellino, ich bin im Kloster erzogen; mein Vater war ein Prälat in Lukka, meine Mutter eine keusche Nonne vom Orden der Urselinerinnen. Da hab ich studieren sollen, mein Vater wollte mich zu einem Kirchenlicht machen, aber ich fühlte mich zu einer Mordbrennerfakkel tauglicher. Als ich bei dem alten Pater Hieronimus die Moral studierte, sagte er mir oft, Selbstliebe sei das große Triebrad aller menschlichen Handlungen, das Urprincip jeder Sittenlehre. Hieronimus hatte Recht. Gott schuf aus Selbstliebe das unermeßliche Universum, um sich selber zu verherrlichen, und verherrlicht zu sehn; jedes Thier handelt den Naturgesezzen gemäs, nach dem ehrwürdigen Grundsaz der Selbstliebe — jeder Mensch ordnet seine Thaten diesem großen Gesez unter, und wer hat nun wider die Sittlichkeit unsers Geschäfts etwas einzuwenden, da wir eben dem Gesez gehorchen, dem das Universum Gehorsam leistet? — Mit einem Worte, zittre nicht vor den Selbstgespinnsten deiner Einbildungskraft!""

Fünftes Kapitel.
Die Einsamkeit.

Schon über sechs Wochen war Abaellino in Venedig, aber noch hatte er von seinen Dolchen keinen Gebrauch machen können oder wollen. Denn theils war er in den Straßen, Schlupfwinkeln, Pallästen und Kajütten Venedigs zu unbekannt, theils fehlten ihm auch noch Kunden, deren mörderische Aufträge er hätte executiren können.

Diese Geschäftlosigkeit ekelte ihm, er wollte handeln und konnte nicht.

Melancholisch schlich er umher, und seufzte. Er besuchte die öffentlichen Pläzze Venedigs, die Wirthshäuser, Garten- und Lustpläzze, aber nirgends fand er, was er suchte — Ruhe.

An einem Abend hatte er sich in einem Garten verspätet, der auf einer niedlichen Insel Venedigs gelegen war. Er schlich von Laube zu Laube, sezte sich am Ufer des Meeres nieder und sah dem Spiel der Wellen im Schein des Mondes zu.

„So ein schöner Abend wars vor zwei Jahren, da ich Emmoinen den ersten Kuß raubte, und Emmoine mir Liebe schwor!“ seufzte er, und schwieg und wehmüthige Empfindungen stiegen in ihm auf.

Es war so stille. Kein Lüftchen bog die Hälmchen des Grases; aber in Abaellinos Busen stürmte es.

„Hätt' ich es vor zwei Jahren träumen können, daß ich einmahl in Venedig als Bandit meine Rolle spielen würde? O wo sind die goldnen Hofnungen, die lieblichen Pläne, welche meine Jugend umgaukelten? — Ich bin ein Bandit, noch weniger, als ein Bettler! —“

„Wenn mein grauer Vater oft im Enthusiasmus mich umschlang und rief: Sohn, du wirst den Namen Obizzo glänzend machen! Gott, wie bebte ich da, was dacht ich, was empfand ich, was wollt' da nicht alles! und der Vater ist tod, und sein Sohn — — ein venetianischer Bandit! — wenn meine Lehrer mich bewunderten und liebkoseten, und sie entzükt mir zuriefen: Graf, ihr verewiget einst das alte Geschlecht von Obizzo! ha, was versprach ich mir da nicht in seliger Trunkenheit von der Zukunft! — Als mich Emmoinna von einer schönen That zu sich heimkehren sah, und sie die Arme mir entgegenstrekte und mich an ihren Busen schlos und mir ins Ohr lispelte: wer sollte den großen Obizzo nicht lieben, — — oh, oh! hinweg ihr Bilder der Vergangenheit, euer Erscheinen führt zum Wahnsinn!“

Er schwieg, bis die Lippen zusammen, hielt die flache Hand vor die Stirn und krallte die andre zusammen.

„Ein Meuchelmörder, ein Diener der Niederträchtigkeit und Büberei, einer der größten Schurken, den die venetianische Sonne bescheint ist — der große Obizzo! — pfui! — und doch hat mich das Schiksal selber zu diesem unseligen Loose verdammt. —“

Plözlich sprang er nach einem langen Stillschweigen auf, sein Auge funkelte, seine Miene verwandelte sich, sein Odem flog lauter.

„Ja, beim Himmel, ja, gros konnt' ich als Graf Obizzo nicht sein, aber wer wehrt mirs, gros, als Bandit, zu werden? — Vater, mein Vater!“ rief er und sank von ungewöhnlichen Gefühlen bestürmt nieder auf die Kniee, und strekte die Finger empor zum Himmel, als zu einem Eide:

„Geist meines Vaters, Geist meiner Emmoina, ich will eurer nicht unwerth sein! hört mich, wenn ihr mich umschweben dürfet, hört mich, ich will auch als Bandit meinen Ursprung nicht verläugnen, eure Hofnungen, mit denen ihr aus dieser Welt schiedet, nicht vernichten — o, so wahr ich lebe, ich will der einzige meiner elenden Zunft sein und werden, und die Nachwelt soll den Namen verehren, den ich verherrlichen kann. —“

Er berührte mit seiner Stirn den Erdboden und weinte. Die Zweige lispelten leise im Abendwinde um ihn her, leise lispelten die Gebüsche und das dunkle Schilf am Gestade.

Länger als eine Viertelstunde verharrte er in dieser Situazion. Große Gedanken flogen vor seinem Geiste vorüber; über ungeheuern Plänen schwindelte er und er sprang auf sie zu realisiren.

„Mit fünf erbärmlichen Gaunern mach ich kein Complot wider die Menschheit. Ich allein muß die Republik zittern machen, und jene meuchelmörderischen Buben sollen in acht Tagen hängen. Fünf Banditen soll Venedig nicht füttern, aber einen, einen einzigen, und dieser soll dem Dogen die Spizze bieten, soll über Recht und Unrecht in der Republik wachen. Ehe acht Tage verfliegen, soll der Staat gereinigt sein von dem Auswurf des menschlichen Geschlechts, und dann steh ich noch allein da. An mich allein müssen sich alle jene Schurken von Venedig wenden, welche meine Spiesgesellen vormahls zum Morde der Rechtschaffnen gedungen haben. Ich lerne nun die feigen Mörder, die vornehmen Buben kennen, die den Matteo sonst und seine Knechte bezahlten — ha, Abaellino! Abaellino! — —“

Er taumelte, trunken von seinen Hofnungen durch den Garten, rief einen Gondelier herbei, sezte sich in die Gondel und eilte zu der Wohnung der kleinen Molla, wo alles schon im Arm des Traumgotts hingestorben lag.

Sechstes Kapitel.
Rosamunde, die schöne Nichte des Dogen.

„Hör Bursche!“ sprach Matteo am folgenden Morgen zum Abaellino: „heute sollst du dein Probestük in der Kunst machen!“

„„Heute?““ murmelte Abaellino durch die Zähne: „Wem gilts?“

„Es ist freilich nur ein Weib, allein man muß jedem den Anfang erleichtern. Ich will dich selber begleiten, und sehn, wie du dich bei dieser Probearbeit benehmen wirst!“

„„Hm!““ sagte Abaellino, und maß den Matteo vom Wirbel bis zu den Sohlen.

„Heut Nachmittag um die vierte Stunde gehn wir mit einander, gut gekleidet in den Garten von Dolabella, auf der Südseite von Venedig. Hier pflegt die Nichte des Dogen Andreas Gritti, die schöne Rosamunde von

Corfu zu baden, und nach dem Bade allein zu lustwandeln. Und dann — nun weißt du's."

„„Und du begleitest mich?""

„Ich will von deiner ersten That ein Zuschauer sein; so pfleg ichs zu halten bei jedem! —"

„„Wie tief der Stos?""

„Bis aufs Leben! die Bezahlung ist fürstlich; ich empfange sie nach Rosamundens Tode."

Es wurde alles übrige verabredet. Der Nachmittag erschien. Es schlug in der benachbarten Benediktinerkirche vier Uhr, und Matteo und Abaellino machten sich auf den Weg.

Sie kamen in den Dolabellischen Garten, der heut ungewöhnlich volkreich war; Menschen beiderlei Geschlechts durchirrten die umbüschten Gänge; in allen Lauben sassen die Edlen von Venedig; in allen Winkeln seufzten liebende Paare der angenehmern Dämmerung des Abends entgegen; und von jeder Seite scholl Vokal- und Instrumentalmusik um das schwelgende Ohr.

Abaellino mischte sich unter die Spaziergänger; er hatte seinen Kopf in eine ehrwürdige Perükke verstekt, die Attitüde eines podagrischen Alten angenommen und schlich so an einem Krükkenstok durch die Versammlung. Seine goldreiche Kleidung verschaffte ihm allenthalben Zutritt, jeder lies sich mit ihm in Gespräche über Witterung, Kommerz der Republik und die Kriege der Ausländer ein, und Abaellino wußte angenehm zu unterhalten.

So erfuhr er nun auch, daß Rosamunde im Garten sei, wie sie sich heut gekleidet, und in welcher Gegend sie wandele.

Sogleich schlich er dahin. Matteo verfolgte ihn auf den Fus.

In einer entlegnen Laube sas die größte Schönheit Venedigs, Rosamunde von Corfu.

Abaellino näherte sich der Laube; er wankte vor dem Eingang derselben, als ein Ohnmächtiger umher, und erregte Rosamundens Aufmerksamkeit. „Ach!" seufzte er: „ist denn niemand, der sich eines schwachen Greises erbarmet?"

Die schöne Nichte des Dogen sprang eilig hervor aus der Laube, dem alten Mann zu helfen. „Was ist Euch, lieber Vater?" fragte sie mit einer süßen Stimme, und besorgtem Blik.

Abaellino winkte mit der Hand zur Laube hin; Rosamunde führte ihn hinein und sezte ihn auf ein Rasenbänkchen.

„Gottes Lohn!" stammelte Abaellino mit schwacher Stimme, und sah Rosamunden ins Auge und erröthete.

Rosamunde stand schweigend vor dem verlarvten Banditen und zitterte in zärtlicher Sorge — und diese Bekümmernis macht das schöne weibliche Geschöpf noch schöner. — Bebend bog sie sich mit dem halben, schlanken Leibe über ihren gedungnen Mörder und fragte nach einer Weile: „ists Euch besser?"

„Besser!" stammelte der Betrüger mit matten Lippen. — „Ihr seid die edle Rosamunde von Corfu, des Dogen Nichte?"

„Wohl bin ichs, lieber Alter!"

„„O, Fräulein, da hab ich Euch etwas wichtiges zu entdekken — ach, du lieber Gott, wie können die Menschen so grausam sein — seht nur, man steht Euch nach Euerm Leben.""

Das Mädchen bebte erblassend zurük.

„Wollt ihr Euern Mörder kennen lernen? — Ihr sollt nicht sterben, aber thut mir den Gefallen und verhaltet euch ganz still!"

Rosamunde wußte nicht, was sie zu den Worten des Greises denken sollte; es wurd ihr bange in der Gesellschaft dieses alten Mannes.

„Fürchtet nichts, Fräulein, fürchtet nichts, seid unbesorgt. — Der Mörder soll vor euern Augen sterben."

Rosamunde machte eine Bewegung, als wollte sie entfliehn. Aber plözlich verwandelte sich der schwache Greis vor ihren Augen. Er der vor einer Minute ohnmächtig nur lallen konnte, und zitternd da sas, sprang auf wie ein Riese und hielt sie zurük in seinen Arm.

„Um Gotteswillen, laßt mich!" rief sie.

„„Fräulein, seid sorglos, ich beschüzze euch!"" entgegnete Abaellino nahm ein kleines Blech in den Mund und pfiff.

Plözlich sprang der lauernde Matteo aus einem Gesträuch hervor und in die Laube hinein. Abaellino zog den Dolch, schleuderte Rosamunden hinter sich, gieng dem Matteo einen Schritt entgegen und stieß ihm das Messer ins Herz.

Ohne einen Laut von sich zu geben, stürzte der Banditenhauptmann zu Abaellinos Füßen nieder und röchelte und gab nach vielen gräslichen Verzukkungen den Geist auf.

Jezt sah der Mörder Matteo's hinter sich, und erblikte Rosamunden halbohnmächtig auf der Rasenbank.

„Nun ist dein Leben gerettet, schöne Rosamunde, sagte er: da liegt der Schurke, der mich zu deiner Ermordung hieher führte. Sei ruhig, geh hin zu deinem Oheim Andreas Gritti, und sage, Abaellino habe dein Leben erhalten!"

Rosamunde konnte nicht sprechen. Bebend strekte sie ihre Arme aus, ergrif Abaellinos Hand und küßte sie mit stummer Dankbarkeit.

Abaellino sah die schöne Leidende an, und wer konnte hier gefühllos bleiben? Man denke sich ein Mädchen, das kaum neunzehn Sommer dieses Lebens gesehen hatte; den schlanken Gliederbau verstekt in ein weises, tausendfaltiges leichtes Gewand, mit einem großen, blauen Augenpaar, aus welchem die reinste Unschuld sprach, einer Stirn, weis wie Elfenbein, über welcher das schwarze lokkigte Haar sanftgeringelt herabquoll, Wangen, die der Schrek izt gebleicht hatte, Lippen, die nie ein Verführer mit seinem Kusse vergiftet, einen Busen, den der keusche Flornebel vergebens verbergen wollte. Man denke sich dieses Geschöpf, woran die liebende Natur nichts vergas, um es zum Ideal weiblicher Schönheit zu erheben — und man wirds dem ungestümen Abaellino nicht verargen, wenn er einige Minuten entgeistert dastand und sich um die Ruhe seines Herzens betrog. —

„O, bei Gott! rief er: Rosamunde, du bist schön, schön wie Emmoina! —" Er bog sich über sie hin und drükte einen brennenden Kuß auf ihre blasse Wange.

„„Geh, schreklicher Mensch!"" lispelte sie.

„Ach, Rosamunde, warum bist du so schön, und warum bin ich — weißt du wer dich küßte, geh, und sage dem Dogen laut: der Bandit Abaellino!"

Er sprachs und verschwand aus der Laube.

Siebentes Kapitel.
Fortsezzung.

Und in der That hatte Abaellino Ursach zu eilen; denn wenige Minuten, nachdem er die Laube verlassen hatte, verirrten sich mehrere Spaziergänger in dieser Gegend her, die bald den ermordeten Matteo, und die todtenblasse Rosamunde erblikten.

Man versammelte sich um die Laube: es strömten immer mehrere Personen herbei und Rosamunde mußte fast jedem die Begebenheit der vergangnen Augenblicke erzählen.

Es befanden sich unter den Herbeieilenden verschiedne Hofleute des Andreas Gritti; man rief ihre Gesellschaftsdamen und Zofen herbei, rief ihrer Gondel und so begab sich das arme Mädchen in den Pallast ihres Oheims zurük.

Vergebens hielt man alle andern Gondeln an, vergebens untersuchte man alle Gäste des Dolabellischen Gartens, der sogenannte Bandit Abaellino war verschwunden. —

Der Ruf dieser Geschichte flog durch ganz Venedig; jedermann bewunderte Abaellinos That, bedauerte die arme Rosamunde, verfluchte denjenigen, der den Matteo zu ihrem Morde besoldet hatte, und suchte alle diese unzusammenhängenden Fragmente mit dem Kitt der Hypothesen, so gut, wie gewisse deutsche Philosophen ihre Systeme, zusammenzuflikken.

Am Ende entspann sich hieraus der schönste Stoff zu einem abentheuerlichen Roman, oder Trauerspiel, betitelt: Die Gewalt der Schönheit. Denn Abaellino hätte wahrscheinlich Rosamunden den Dolch ins Herz gestossen, meinten die venetianischen Damen und Herrn, wäre Rosamunde minder schön gewesen.

Zulezt beneideten die Venetianerinnen Rosamunden sogar um das Abentheuer; man fieng schon an über den Kus des Banditen zu medisiren. Hm! sagten einige: was kann die schöne Rosamunde ihrem Erretter nicht in der Angst erlaubt haben! — Und wird, riefen andere: und wird der Kerl mit einem schönen Mädchen, dem er das Leben erhielt, allein sich mit einem einzigen Kusse begnügt haben? — Freilich! entgegnete man: Banditen pflegen sonst so sehr galant nicht zu sein und in der Liebe zu platonisiren! —

Mit einem Worte, Rosamunde und der häsliche Abaellino waren so lange der Gegenstand müßiger Schwäzzer und Schwäzzerinnen, bis man endlich die Nichte des Andreas Gritti die Banditenbraut betitelte.

Keiner aber war aufgebrachter, als der Doge. Er gab sogleich Befehl, man solle wachsamer als je auf alle und jede verdächtige Personen sein; die Nachtwachen wurden verstärkt, es wurden alltäglich Spione ausgesandt, aber vergebens, man entdekte keine Spur von den Banditen.

Achtes Kapitel.
Entdekkungen.

„Verdammt!“ rief am andern Tage der wilde Parozzi, ein venetianischer Nobile erstern Ranges, und ging mit großen Schritten durch sein Gemach: „Verdammt sei die Ungeschiklichkeit des Schurken! aber in der That, ich begreif es noch gar nicht, wie sich das alles zugetragen hat! — Weis man von meinen Plänen? hat Bembi Rosamundens Liebe? Wer hat den Abaellino wider den Matteo ausgeschikt? — Bembi vielleicht? — gewis! — Und wird der Doge nun nicht fragen: wer hat Mörder wider meine Nichte ausgesandt? wer kann es anders gewesen sein, als Parozzi, der unglükliche Liebhaber, dem die schöne Rosamunde einen Korb gab, und Andreas Gritti unhold ist? wird man sagen. — Pfui! — Parozzi — Parozzi! und wenn der schlaue Gritti all deine Pläne entdekte, wenn er wüßte, daß du an der Spizze mehrerer Leichtsinnigen — Leichtsinnigen? ja doch, was sind die Knaben anders, die um der Ruthe zu entgehn, den Eltern das Haus übern Kopf anzünden wollen? — Parozzi, wenn das alles dem Gritti verrathen würde!“

Er wurde in seinen Betrachtungen gestört. Memmo, Falieri und Contarino traten herein, drei junge Venetianer vom besten Adel, Parozzis tägliche Gesellschafter, am Geist und Körper verdorbne Menschen, Springinsfelde, Bonvivants, die allen Wucherern in Venedig mehr schuldig waren, als sie jemals mit ihrem väterlichen Erbe bezahlen konnten.

„Aber, Brüderchen, rief Memmo, dem das Laster in der grauen Gesichtsfarbe, dem trüben Blik und den rothblauen Ringen um den Augen verrieth; um des Himmels Willen, ich bin ausser mir, hast du den Matteo wider die Nichte des Andreas Gritti ausgeschikt?“

„„Ich?““ sagte Parozzi, und drehte sich um, um die Todtenblässe zu verstekken, die ihm über das Gesicht flog: „„kein Gedanke — ich glaube, du schwärmst!““

Memmo. Wahrhaftig, ich spreche im ganzen Ernst; frag nur den Falieri, der kann dir mehr erzählen.

Falieri. Höre, Parozzi, der Procurator Sylvio hats dem Dogen als eine heilige Wahrheit beschworen, daß kein andrer, als du, den Matteo zu Rosamundens Ermordung bestellt habest.

Parozzi. Nun, und ich sage euch, der Kerl raset.

Contarino. Aber nimm du dich in Acht. Gritti ist fürchterlich.

Falieri. Der Doge ist der elendeste Gauch von der Welt; er kann ein ganz guter Soldat sein, aber Kopf hat er nicht.

Contarino. Und ich schwöre dirs, Gritti ist wild wie ein Löwe und schlau wie ein Fuchs.

Falieri. Durch das verdammte Kleeblat, davon er der Stiel ist, der es um sich zusammen hält. Man nehme ihm den Sylvio, Conari, und Dandoli, so wird er dastehn, wie ein Schulknabe im Examen, dem mans Concept gestohlen hat.

Parozzi. Falieri hat Recht.

Memmo. Ja, wahrhaftig.

Falieri. Und stolz ist der Gritti, wie ein Bauer, dem man ein Purpurkleid angezogen hat. Bei Gott, er ist unleidlich. Bemerkt ihr denn gar nicht, wie er täglich seinen Hofstaat vermehrt?

Memmo. So wahr ich lebe, du hast Recht.

Contarino. Und welche Gewalt er sich allenthalben anmaßt? Die Signoria, die Quaranti, die Procuratoren di St. Marco, die Avogadori wollen und wünschen nichts anders, als was dem Gritti gefällt. Alle hängen sie an dem Faden seiner Launen wie Marionetten, die ihre Holzköpfe schütteln oder verneigen, nachdem sie gezogen werden.

Parozzi. Und das Volk vergöttert diesen Gritti.

Memmo. Ja, das ist eben das schlimmste.

Falieri. Aber ich will verdammt sein, wenn sich das Spiel nicht bald dreht.

Contarino. Ja, nur angefangen, Leute. Aber was thun wir? da liegen wir in den Weinhäusern und Bordellen, saufen und spielen, stürzen uns in ein Meer von Schulden hinein, wo zuletzt der beste Schwimmer ertrinken muß. Laßt uns den Anfang machen — laßt uns werben, laßt uns angreifen, die Verhältnisse müssen sich ändern, oder es geht in dieser Welt mit uns nicht gut.

Memmo. (seufzend) Freilich, freilich, die Gläubiger zerklopfen mir schon seit einem halben Jahr die Thüren, wekken mich des Morgens aus dem Schlaf und lullen mich des Abends mit ihren Klagen wieder ein.

Parozzi. Ha, ha, ha! nun ihr wißt ja, wie mirs geht! —

Falieri. Hätten wir minder flott gelebt: so würden wir izt ruhig sizzen können in unsern Pallästen, und — Aber izt —

Parozzi. Nun, wahrhaftig, ich glaube Falieri hält uns eine Buspredigt.

Contarino. So machens die alten Sünder sammt und sonders, wenn sie nicht mehr sündigen können, dann geloben sie hoch und theuer Reue und Besserung. Nein, ich bin zufrieden mit meinen Ausschweifungen; ich seh doch daraus, daß ich kein Alltagsmensch bin, der mit seinem Pflegma hinter dem Ofen zusammenschurrt, Federn spizt, Männerchen malt und vor ungewöhnlichen Einfällen schaudert. Die Natur hat mich einmal zum Wildfang geboren, und ich will meine Bestimmung erfüllen. — Brächte der Himmel nicht zuweilen Geister wie die unsrigen hervor: so würden die Menschen endlich einschlafen. Aber wir treiben die alte Ordnung aus ihren Fugen, und die Menschen aus ihrem Schnekkengang, geben einer

Million Müßiggänger Räthsel auf, jagen einige hundert neue Ideen durch die Köpfe der großen Menge, verursachen allgemeine Gährung und sind zulezt der Welt so nüzlich, wie ein Sturmwind der trägen, sich selbst vergiftenden Natur.

Falieri. Prächtige Floskeln, so wahr ich Falieri heiße; Contarino; das alte Rom vermißt dich. — Allein Jammer und Schade, daß an dem Geklimper deiner Worte so wenig Realitäten hängen! — siehst du, inzwischen du vielleicht mit deinem Rednertalent barmherzigen Ohren ermüdet hast, hat Falieri gehandelt. Der Kardinal Grimaldi ist mit der Regierung unzufrieden, Gott weis es, wodurch ihn Gritti wider sich aufgehezt hat — kurz Grimaldi ist von unsrer Parthei.

Parozzi. (erstaunt und froh) Falieri, bist du toll — der Kardinal Grimaldi?

Falieri. Und er hängt an uns mit Leib und Seele. Freilich, ich habe ihm viel von unsern edeln Absichten, von unserm Patriotismus, von unsrer Freiheitsliebe vorneindbeuteln müssen, aber Grimaldi — ist ein Pfaffe, das heißt, ein Gauner! und so taugt er für uns.

Contarino. (reicht dem Falieri die Hand) Bravo, — Herr Bruder, wir spielen den Katilina zu Venedig! — Was mich betrifft, so hab auch ich gehandelt. Zwar hab ich für uns noch keinen großen Fang gethan, aber doch besizze ich ein großes allmächtiges Nez, womit ich den besten Theil Venedigs zu unsern Plänen zusammenfischen werde. — Ihr kennt doch die Markise Almeria?

Parozzi. Hält nicht jeder von uns eine Liste der Venetianerinnen, und wir sollten No. I vergessen haben?

Falieri. Almeria und Rosamunde, die Losung aller Venetianer.

Contarino. Almeria ist mein.

Falieri. Was?

Memmo. (durch die Zähne) Pest!

Parozzi. Almeria?

Contarino. Nun, gafft ihr mich nicht an, als weissagt ich euch den Einsturz des Himmels? — Kurz, ich bin Almeriens Favorit, und mit ihr aufs innigste vertraut. Aber unsre Liebschaft wird verdekt gehalten; was ich will, will auch sie, und wie sie pfeift, so tanzt Venedigs halber Adel.

Parozzi. Contarino, du bist unser Meister.

Contarino. Und nun ahndet ihr doch nicht, welche Macht ich in den Händen habe?

Parozzi. Ich schäme mich vor euch, denn noch hab ich nichts gethan. Wär' Rosamunde ermordet: so würd' ich, wenigstens euch vorlügen können, daß ich sie für mein Geld habe in den Himmel bringen lassen, damit Gritti den Hamen verlöre, womit er Venedigs erste Männer an sich gefangen hält. Lebt Rosamunde nicht mehr: so verliert Gritti allen Reiz; die glänzendsten Häuser werden von ihm ablassen, wenn ihre Hofnung zu Grabe geht, sich mit dem Gritti durch Rosamundens Verheurathung zu verbinden. Sie erbt einmahl vom Dogen.

Memmo. Und damit ich eurer würdig sei, will ich — Geld schaffen. Mein alter, grämlicher Oheim hinterläßt mir dem Universalerben volle Kisten — und der alte Filz, kann ja sterben, wenns mir gefällt.

Falieri. Er hätte längst sterben können.

Memmo. Ich war nur zu ängstlich — wahrhaftig Leutchen, ihr glaubts nicht, ich bin zuweilen so hypochondrisch, daß es mir ist, als hätt' ich Gewissensbisse.

Contarino. Freund, nimm einen guten Rath an. — Geh ins Kloster!

Memmo. He, he, he, he!

Falieri. Wir müssen die alten Freunde, — Matteo's Gesellschaft aufsuchen; die Gauner lassen sich jezt nirgends wittern.

Parozzi. Und vor allen Dingen muß das Kleeblatt des Dogen verdorren oder abgerissen werden.

Contarino. Vortrefliche Vorsäzze! wahrhaftig, wenn sie nur so schnell erreicht, als geträumt wären. — Kurz, Freunde, wir begraben entweder unser Elend unter den Ruinen der alten Staatsverfassung, oder wir befestigen dieselbe noch mehr durch unsere Todtenschädel. — In beiden Fällen erlangen wir Ruhe. Die Noth hat uns mit ihrer Geissel nun hinaufgepeitscht auf den lezten Gipfel ihres Felsen, wo wir entweder uns durch einen Geniestreich erretten, oder von der andern Seite in den Abgrund ewiger Vergessenheit und Schande hinunterschwindeln müssen. — Laßt uns izt nur raffiniren: woher Geld zu den nöthigsten Unkosten und woher Theilnehmer an unsern Plänen? Geht hin, und erobert die berühmtesten Mezzen Venedigs, auf deren Altären der Staatsmann, Mönch und Bürger opfert. Was wir mit aller Beredsamkeit, Banditen mit ihren Dolchen, Prinzen mit ihren Geldbörsen nicht vermögen, kann solch eine Phryne mit einem einzigen Blik. Wo der Wiz des Pfaffen scheitert und die Gewalt des Kriminalrichters ohnmächtig wird, kann noch ein Kus, ein süsses Versprechen Wunder thun. An dem wollüstigen Busen solcher Weiber schläft endlich die wachsamste Treue ein: ein Kus von solchem Weibe thaut der stummen Verschwiegenheit die Lippen auf und eine Schäferstunde kann die heiligsten Grundsäzze zu Grabe läuten.

Oder will euch das Glük bei den Weibern nicht wohl, oder fürchtet ihr euch selber in den Nezzen verwirren zu können, die ihr für andere ausspannt: so versuchts mit den Pfaffen. Schmeichelt den Stolz dieser Hochmüthigen, malt ihnen auf das leere Blatt der Zukunft Kardinalshüte, Patriarcheninsuln, Bischofsstäbe und Pontificalien. Ich schwör es euch, sie haschen zu, und ihr habt sie in eurer Gewalt. Sie, die Gewissensräthe der bigotten Venetianer, lenken Mann und Weib, Edelmann und Bettler, Gondolier und Dogen, Gelehrte und Laien am Zaum des Aberglaubens. Habt ihr die Pfaffen für euch: so könnt ihr Tonnen Goldes ersparen, um die Gewissen zu bestechen, denn sie handeln mit dem lieben Gott in Compagnie, und verschenken nach ihrem Gefallen bald die ewige Seligkeit bald die höllische Verdammnis.

Neuntes Kapitel.
Mollas Häuschen.

Kaum hatte Abaellino die berüchtigte That vollbracht, die nun allen Venetianern Stoff zum Plaudern gab: so entwischte er so glüklich, daß man auch nicht den geringsten Umstand vorfinden konnte, der ihn, als dem Thäter verrathen, oder die Spuren seiner Flucht entdekken konnte.

Er kam an Molla's Häuschen — es war schon gegen Abend. Molla öffnete die Thür und er begab sich ins Zimmer. „Wo sind die andern?“ fragte er in einem wilden Ton. Molla erschrak:

„Sie schlafen schon seit dem Mittag. Wahrscheinlich wollen sie in der Nacht auf die Jagd gehn.“ —

Abaellino warf sich gedankenvoll auf einen Sessel.

„Aber du bist ja so düster, Abaellino? sieh nur, du wirst dadurch so häslich. Weg mit den Falten von der Stirn, sie entstellen dich noch mehr.“

Abaellino antwortete ihr nicht.

„Aber ich fürchte mich endlich vor dir. Sei doch freundlich du Riese! ich fange wirklich schon an dir gut zu werden, und deinen Anblik zu ertragen und“ — — —

„„„Wekke die Schläfer!“““ brummte der Bandit.

„Ei, laß sie doch schlafen, die trägen Kerls, fürchtest du dich denn mit mir allein zu sein? Seh ich denn so schreklich aus, wie du? — sieh mich doch einmal an.“

Sie stellte sich in ihrer kleinen, runden Figur vor ihm hin, und schielte lächelnd mit lüsternen Augen zu ihm hinüber. — Molla war in der That nicht häslich; ihr Stumpfnäschen, ihr brennendes Auge, ihr blondes Haar, das hinter der Haube wild über den vollen Busen herabstürzte, der in diesen Augenblikken ohnedies nur sehr leicht bedekt war, machte sie niedlich. Allein Molla wußte auch, daß sie ein Stumpfnäschen, einen sprechenden Blik, ein blondes Haar, und einen vollen Busen hatte. Und ihr Karakter war daher — wie der Karakter der meisten Mädchen und Weiber in einem gewissen Alter, in allen Ständen. Ein Mädchen, die es ihrem Spiegel und ihren Schmeichlern glaubt, es sei schön, ist auf dem halben Wege, ihre Unschuld zu verlieren. — Molla übrigens war weder Mädchen noch Weib, sondern — — — was viele ihres Alters und Geschlechts sind.

„Aber sei doch nicht so tükkisch, lieber Abaellino!“ sagte sie und sezte sich dicht neben ihn nieder und strich ihm mit ihrer runden Hand die schwarzen Lokken von der Stirn.

„„„Wekke die Schläfer!““ rief Abaellino, und stierte sie verdrüslich an.

„Ei, ich glaube gar, der Schelm will trozzen!“ sagte sie und stand auf, warf sich auf seinen Schoos, sah ihn in die Augen — und das Halstuch fiel ab.

„Bösewicht! rief sie, was machst du?“

Abaellino konnte sich des Lächelns nicht erwehren.

„Lache nur noch!“ sagte sie lächelnd und faltete die Stirn, um zornig zu scheinen, vergab ihm aber bald die nicht begangne Sünde, schlang ihre Arme um ihn und drükte ihn an sich.

„„„Du bist ein gutes Mädgen, Molla!““ entgegnete er, sties sie sanft zurük und stand auf: „„„in einer halben Stunde wollen wir uns beide mehr erzählen, jezt rufe die Schnarcher herbei, ich muß sie sprechen!““

Molla entfernte sich schweigend und drohte ihm im Zurüksehn mit dem Zeigefinger.

Abaellino gieng mit starken Schritten durchs Zimmer, den Kopf auf die Brust gesenkt, die Arme untereinander geschlagen. „Der erste Schritt,“ dachte er bei sich! „der erste Schritt ist gethan; ein moralisches Ungeheuer weniger in der Welt. Ich habe in diesem Morde nicht gesündigt, sondern mich geheiliget. — Gott, steh mir bei, ich habe ein großes Werk vor mir. — Ach, und dann soll Rosamunde der Lohn meiner Mühseligkeiten — Rosamunde? die Nichte des Dogen dem verworfnen Abaellino — o, in Ewigkeit geht es hier nicht gut zu Ende. Aber welch ein toller Einfall, ein Mädchen beim ersten Anblik — — Aber auch nur eine Rosamunde kann durch ihr erstes Erscheinen fesseln. — Rosamunde und Emmoina! — — Doch es ist schön nach Unmöglichkeiten zu haschen, es belustigen Träume wenigstens, und der arme Abaellino bedarf Belustigung. O wüßte die Welt, was Abaellino vollführen wird, ach sie würde ihn gewis lieben und bemitleiden! —“

Molla trat herein. Ihr nach folgten schlaftrunken, gähnend und schlaff Thomas, Baluzzo, Petrini und Struzza.

„Reibt euch den Schlaf von den Augen, und überzeugt euch, daß ihr wachend seid, denn ihr sollt etwas hören, was ihr kaum im Traume glauben würdet.“

Alle sahn ihn gleichgültig an. „Nun was ists denn?“ fragte Thomas und dehnte sich schläfrig.

„Nichts mehr und nichts weniger, als daß unser braver, schlauer, tapfrer Matteo — ermordet ist.“

„„„Wie? — ermordet!“““ lallte jeder und starrte den Hiobsboten mit erschroknen Blikken an, und Molla schlug die Hände über den Kopf zusammen und sank kreischend auf den Sessel nieder, auf welchem sie vor wenigen Minuten noch um Abaellinos Zärtlichkeit buhlte.

Es herrschte eine allgemeine Stille.

„Donner und Wetter!“ rief endlich Struzza und trat ein paar Schritt zurük.

Thomas. Von wem?

Baluzzo. Wo?

Petrini. Diesen Nachmittag?

Abaellino. Vor einigen Stunden im Dolabellischen Garten, wo er die Nichte des Dogen aufgesucht hatte — wer ihn ermordet, das weis der Himmel.

Molla. (heulend) Der arme Matteo.

Abaellino. Morgen um diese Zeit findet ihr seinen Leichnam auf dem Rabenstein.

Petrini. Hat man ihn denn erkannt?

Abaellino. Freilich.

Molla. Der arme Matteo!

Thomas. Ein verdammter Streich!

Baluzzo. Verflucht, das hat ihn nicht geahndet, da er von uns ging, und uns allen nicht.

Abaellino. Nun, ihr scheint darüber bestürzt zu sein? —

Struzza. Ich kann mich noch nicht erhohlen — Der Schrek hätte mich fast zu Boden geschlagen.

Abaellino. Ei, beileibe, ich lachte, als ich die Botschaft erfuhr. So früh schon am Ziele! dacht ich.

Thomas. Was?

Baluzzo. Ich sähe darinn nichts lächerliches wahrhaftig!

Abaellino. Ihr fürchtet euch doch nicht davor, eine Gabe zu empfangen, die ihr selber so gern austheilt? — Wohin strebt ihr? was dürfen wir am Ende unsrer Arbeiten zum Dank fodern, als Galgen und Rad und Scheiterhaufen? welche Monumente dürfen wir für unsre Thaten fodern: als Schandsäulen und Rabensteine? Wem es gelüstet auf dem großen Welttheater die Rolle des Banditen zuspielen, der muß vor dem Tode nicht schaudern, er komme in Gesellschaft des Arztes, oder des Henkers. Also lustig!

Thomas. Das sei hier der Gottseibeiuns, ich kanns nicht sein.

Struzza. Mir klappern die Zähne.

Petrini. Hör', Abaellino, laß uns ein vernünftiges Wort mit einander sprechen. Dein Wiz wird hier fürchterlich.

Abaellino. Ha, ha, ha, ha!

Molla. Ach du armer, unglükseliger Matteo!

Abaellino. Nicht doch, Molla, mein Schäzchen, wer wollte so sehr verrathen, daß man ein Weib sei. Komm und laß uns das Gespräch fortsezzen, das ich vorhin zerriß. Sez dich zu mir und gieb mir ein Mäulchen. —

Molla. Geh, Ungeheuer.

Abaellino. Hat Liebchen die Laune verloren? Nun wohl, sie wird schon zurükkehren, und wer weis, wie es dann um die meinige steht.

Baluzzo. Daß dich der Geier fasse, Abaellino, du bist unausstehlich!

Abaellino. Bist du eifersüchtig? Ho, ho, befürchte nichts!

Baluzzo. Verdammt seist du mit deinem hirnlosen Gewäsch; saalbadre ein andermahl. Jezt laß uns überlegen, was zu thun sei?

Petrini. Freilich, es ist hier nicht die Zeit zum Spassen.

Thomas. Abaellino, ich halte dich für einen gewizten Kerl, gieb Rath, was sollen wir thun?

Abaellino. (nach einer Pause) Nichts oder vieles. Entweder wir bleiben, was wir sind, und wo wir sind, morden für Geld und gute Worte einem Schurken zum Gefallen jeden ehrlichen Mann, lassen uns zulezt hängen, rädern, braten, an die Galeeren schmieden, kreuzigen und köpfen, je nachdem es der blinden Justiz behagt, oder — —

Einige. Oder?

Abaellino. Oder wir theilen unsern Raub, verlassen die Republik, beginnen ein ehrliches Leben, und söhnen den Himmel wieder mit uns aus. Seht, ihr habt izt soviel, daß ihr zeitlebens nicht in die verlegne Frage gerathen dürfet: woher nehmen wir Brod? — Ihr kauft euch in einem fernen Lande eine Villa, oder ein Wirthshaus, oder treibt Handel, oder ein Gewerbe, welches euch besser gefällt, als die Meuchelmörderei. Ihr mustert die Schönen, wählt euch ein Weibchen, zeugt Söhne und Töchter, eßt und trinkt und wezt die Scharten aus, durch eure Ehrlichkeit, die ihr durch Büberei schluget.

Thomas. Ha, ha, ha!

Abaellino. Was ihr thut, will auch ich thun, in eurer Gesellschaft laß ich mich entweder hängen und rädern, oder zum ehrlichen Kerl machen. — Nun wählt!

Thomas. Ein alberner Rath!

Baluzzo. Die Wahl hält nicht schwer.

Abaellino. Ich sollt' es auch glauben.

Thomas. Wir bleiben beisammen, und treiben nach wie vor unser altes Gewerbe. Das bringt Geld und ein flottes Leben.

Petrini. Mein Seel, Kerl, du sprichst mir aus dem Herzen.

Thomas. Wir sind zwar Banditen, aber doch ehrliche Kerls, und der Donner über den, der dies läugnet. Vor allen Dingen aber müssen wir uns einige Tage eingezogen halten, damit wir nicht etwa verrathen werden, denn der Doge hat gewis izt seine Spione allenthalben. Dann aber schleichen wir uns, erkundigen uns nach dem Mörder Matteo's und erdrosseln ihn zum warnenden Beispiel gratis.

Alle. Bravo! bravissimo!

Petrini. Und du, Thomas, bist dafür von heut an unser Meister.

Baluzzo. Ja, an Matteo's Stelle.

Alle. Ja, ja!

Abaellino. Und ich sage, als ein braver Gesell hierzu mein herzliches Amen.

Zweites Buch.

Erstes Kapitel.
Der Geburtstag.

In ängstlicher Einsamkeit, eingeriegelt in ihren dumpfen Kammern, betrauerten die Banditen den Tod ihres Matteo; jeder Schlag an ihre Thüren machte sie zittern; jedes Geräusch auf der Straße machte sie grausen.

Fröhlicher aber und herrlicher gings im herzoglichen Pallast einher. Der Doge feierte den Geburtstag seiner schönen Nichte Rosamunde, und Venedigs Adel, die Gesandten und hohen Fremden machten mit ihrer Gegenwart dieses Fest zum glänzendsten in seiner Art.

Keine Herrlichkeit war hier gespart, keine Quelle der Freude verschlossen geblieben. Ueppig buhlten alle Künste um den Vorrang; Venedigs erste Dichter besangen diesen Tag schöner, als je, denn sie sangen Rosamunden; die Tonkünstler und Virtuosen verschwendeten hier die Allmacht der Musik, denn es galt Rosamunden; alle athmeten Seligkeit, alles schwelgte in der seltnen Verbindung jeder Freude; der Geist des Vergnügens umschwebte den Greis und den Jüngling, die Matrone und das Mädchen.

Selten hatte man den alten Dogen heiterer erblikt, als an diesem Tage. Er war ganz Leben, die fröhlichste Laune schwebte um seinen Lippen; gnädig und herablassend lies er niemanden seine Hoheit beahnden. Er scherzte bald mit den Damen, schwärmte bald unter den Masken umher, die den Ball glänzend machten, spielte bald mit den Feldherrn und Admiralen der Republik im Schach, überwand und lies sich überwinden, bald nekte er Rosamunden, und warnte sie, ihr Herz zu bewahren.

Dandoli, Sylvio und Canari, seine treuen Freunde und Räthe vergaßen ihr graues Alter; mischten sich unter die jungen Venetianerinnen und trugen scherzend jeder ihre Liebe an, nekten und ließen sich nekken.

„Als wir vor Scardona lagen, Canari, und die Türken uns dort den Sieg so schwer machten, da waren wir nicht so vergnügt, als an diesem Abend. Nicht so?“ rief Andreas Gritti dem alten Canari zu, der in eben dem Augenblik in das Seitenzimmer hinein trat, worin sich der Doge mit seiner Nichte allein befand.

„Warlich nicht, gnädigster Herr aber es ruht sich nach solchen Arbeiten schön! — Ich denke noch immer mit frohem Schauder an den neblichten Novemberabend, da wir Scardona eroberten und den halben Mond von den Stadtmauern hinunterstürzten! Bei Gott, unsre Venetianer fochten wie die Löwen!“

Gritti. Nun, alter Kriegsgefährte, trinkt; wir haben uns Ruhe erstritten.

Canari. Ruh und Lorbeern. — O, bei Gott, ich bin glüklich und glüklich ist jeder der unter euern Fahnen gefochten. Ihr, gnädigster Herr, habt mich verewigt; wer hätte in der Welt an Canari gedacht, wenn Canari nicht mit dem großen Gritti gefochten hätte, und in Sicilien und Dalmatien die ewigen Trophäen der Republik Venedig aufgepflanzt hätte mit dem großen Gritti.

Gritti. (sanftlächelnd) Der Cyprier besticht eure Fantasie, braver Canari.

Canari. Freilich sollt ich euch nun wohl nicht gradezu den Großen nennen, und in eurem Beisein loben, aber ich bin alt, und mag mich nicht verstellen; mögen das unsre jungen Hofschranzen thun, die noch nicht im Pulverdampf da standen und für Venedig und Andreas Gritti fochten. —

Gritti. Alter Schwärmer! — wird der deutsche Kaiser auch so denken?

Canari. Wenn Karl der fünfte nicht betrogen wird, oder sein Stolz noch die Größe eines andern ertragen kann: so muß er bekennen: Ich fürchte den Gritti von Venedig, aber auch er nur allein ist mir auf Erden überlegen! bei Gott, das muß Karl.

Gritti. Sollte ihn die Antwort beleidigen, die ich seinem Gesandten gab, da er mir die Gefangennehmung des Königs von Frankreichs notifizirte? —

Canari. O, gewiß, gnädigster Herr, gewiß. Aber sei es auch. Venedig zittert, so lange Gritti lebt, nicht. — Aber gnädigster Herr, wenn ihr einmal werdet heimgegangen sein zur ewigen Ruhe und eure Helden mit euch! O, Venedig, Venedig, ich fürchte deine goldne Zeit neiget sich zum Untergange!

Gritti. Lassen nicht unsre jungen Offiziere vieles hoffen?

Canari. Ach was sind die meisten? Helden in den Feldern der Liebe; Helden hinter den Pokalen; entnervte Jünglinge, schlaff an Körper und Geist. Doch halt, — nein! o, wenn man alt wird, oder neben einen Andreas Gritti steht, da vergißt man doch so leicht das wichtigste. — Ich habe eine Bitte an euch, mein Doge, eine große Bitte.

Gritti. Ich bin neugierig.

Canari. Seit acht Tagen befindet sich hier ein junger florentinischer Edelmann, Flodoard heißt er, ein herrlicher, vielversprechender Mann.

Gritti. Nun?

Canari. Sein verstorbner Vater war mein sehr guter Freund, er ist nun gestorben, der alte ehrliche Graf. Er diente in seiner Jugend mit mir auf einem Schiffe, hat manchen Türkenkopf hinweggesäbelt. — Es war ein braver Soldat!

Gritti. Ihr vergeßt seinen Sohn.

Canari. Sein Sohn hält sich jezt in Venedig auf und will in Dienste der Republik gehn. Ich bitte bei euch für ihn, stellt den jungen Mann irgend wo an; er wird einmal Venedigs Stolz sein, wenn unsre Asche vom Winde verweht ist. Ja, bei Gott, das wird er!

Gritti. Hat er Kopf?

Canari. Kopf und Herz, wie sein Vater. Wollt ihr ihn sehn, ihn sprechen? er ist unter den Masken dort im großen Saale. — Noch eins — er hat von den Banditen gehört, die in Venedig umherspuken, das erste Probestük seiner Schlauheit will er euch dadurch ablegen, daß er dieß unsichtbare Gesindel, dem unsre Polizei vergebens nachspürt, dem Criminalgericht in die Hände spielt.

Gritti. (verwundert) Wie ist das möglich? Graf Flodoard heißt er? sagt diesem Flodoard, ich verlange ihn zu sprechen.

Canari. O, nun hab ich schon die Hälfte oder alles gewonnen. Denn Flodoarden sehn, und nicht lieben, hält so schwer, als einen Blik ins Paradies thun und ohne Lüsternheit zu verbleiben. Flodoarden sehn und ihn hassen ist so unmöglich, wie den Blindgebohrnen das Tagslicht zu hassen, das er zum erstenmahl erblikt, da ihm der Staar vom Auge gezogen, wird.

Gritti. (lächelnd) Ich habe meinen alten Canari nie so schwärmerisch gefunden, als diesen Abend.

Canari. O, bei Gott, gnädigster Herr, die Flodoarde waren seit den frühsten Zeiten gros. Ihres Geschlechts Stamm trug schon damals herrliche Zweige, als das Geschlecht der Gritti, Canari, Dandoli und Falieris noch unter den wilden Gesträuchen keimte. Und ich glaube, jede Ceder grünt noch und giebt berühmte Zweige von sich, wenn unsre Familien rings umher ausgestorben sind, wie dürres, schwaches Pflanzwerk.

Gritti. Zeiget mir doch den Wundermann!

Canari. (im Aufstehn.) Ich werd ihn herbeirufen. Ach, es thut mir wohl meinen alten verstorbnen Waffenbruder Flodoard in seinem Sohn wieder lieben zu können. — Und, ihr edle Donna, hütet euch! hütet euch! (geht ab)

Rosamunde. Führt nur euern Helden vor, ihr habt meine Neugierde gespannt.

Gritti. Warum sonderst du dich so lange von den Tänzern ab, Rosamunde?

Rosamunde. Ich bin ermüdet, und jezt fesselt mich noch die Neugier, den hochgepriesenen Flodoard zu sehn. — Ach, lieber Oheim, mir deucht, ich kenne ihn schon. Unter allen Masken zeichnet sich vorzüglich eine griechische aus, und zeichnet sich so aus, daß man sie mit dem flüchtigsten Blik unter tausenden erkennt. Eine schlanke, große Gestalt, in jeder Bewegung so angenehm, — und tanzt so treflich.

Gritti. (lächelnd mit dem Finger drohend) Nichte! Nichte!

Rosamunde. O, fürwahr, lieber Oheim ich lüge nicht — aber doch kann es sein, daß der florentinische Flodoard und der Grieche zwei Personen — — seht, Oheim, seht dort hinunter, da, da steht der Grieche!

Gritti. Und Canari neben ihm. — Sie kommen! Nun, du bist im Errathen glüklich — —

Der Doge hatte kaum seine Worte vollendet, als der alte Canari hereintrath, einen schlanken Griechen an seiner Hand führend.

„Seht hier den Grafen Flodoard, der um eure Gnade bittet!“ sagte Canari, und Flodoard entblößte ehrerbietig sein Haupte, zog die Larve vom Gesicht und verneigte sich tief vor Venedigs großen Dogen.

Gritti. Ihr wollet in die Dienste unsrer Republik treten?

Flodoard. Wenn. Ew. Durchlaucht mich für dieselben würdig finden.

Gritti. Canari versprach mir viel Gutes von euch. Warum hat euch euer Vaterland nicht behalten?

Flodoard. Weil dort kein Gritti lebt.

Gritti. Bestätigt es sich, daß ihr die Banditen in Venedig aufgespürt habt?

Flodoard. Ich zweifle nicht daran sie aufspüren, und sie euren Gerichten überliefern zu können.

Gritti. Das wäre in der That von einem Fremdling viel. Ich bin begierig zu wissen ob ihr Wort halten könnet.

Flodoard. Morgen oder Uebermorgen Durchlauchtigster Herr, hab ich mein Versprechen erfüllt.

Gritti. Und das verspreche ihr so fest? Wißt ihr was es heißt, Banditen zu fangen? dies Gesindel ist unsichtbar und allgegenwärtig, man sieht es allenthalben, und nirgends, und noch ist es den Polizeibedienten der Republik nicht möglich gewesen diese Brut zu erhaschen, wiewohl kein

Winkel in Venedig existirt, den unsre Spione nicht kennen, nicht durchstöbern.

Flodoard. Ich schäzze mich glüklich dem großen Dogen von Venedig mich durch solches Probestük empfehlen zu können.

Gritti. Wenn ihrs vollbracht habt, dann kommt zu mir. Jezt wollen wir uns der Freude überlassen, der dieser Tag geheiligt ist. — Führt meine Nichte zum Tanz, wenn ihr wollet.

Flodoard. Ein angenehmer Befehl. —

Rosamunde stand an den Sessel ihres ehrwürdigen Oheims gelehnt, und musterte den Grafen, und dachte an Canari's Worte: ihn sehn und ihn nicht lieben hält so schwer, als einen Blik ins Paradies werfen, ohne lüstern zu werden. Und Rosamunde gab dem alten Canari recht. Ein helles Roth überflog sie, da der Oheim den Befehl gab, sie war verlegen, und wußte nicht, ob sie vor oder zurüktreten müßte.

Und wären manche meiner Leserinnen in Rosamundens Stelle gewesen, so zweifle ich gar nicht, daß sie in gleiche Verlegenheit gerathen wären. Denn eine Gestalt, wie die Gestalt des Flodoard, ein Gesicht mit einer so empfehlenden Physiognomie, mit solchen karakteristischen Zügen, die dem Künstler nichts mehr übrig ließen, wenn er das Ideal männlicher Schönheit darstellen wollte, Züge, welche laut sprachen, dieser Jüngling trägt ein Heldenherz im Busen — ach, die können ein armes, schwaches, unbefangnes Mädchen leicht in Verlegenheit sezzen.

Flodoard nahm Rosamundens Hand und führte sie in den Saal der Tänzer. Hier drehte, hier schwang sich alles nach den Harmonien des rauschenden Orchesters in lieblichen Gruppen beim Schimmer der brennenden Kerzen. Aber Flodoard gieng bebend und bebend Rosamunde an Flodoards Hand vor den Reihen der Tänzer vorüber — sie verloren sich bis zum fernsten Ende des herzoglichen Saals und blieben sprachlos an einem Fenster stehn, und sahn sich an, und sahn zu den Tänzern, und dann zum Mond hin und vergaßen sich und Tänzer und Mond und waren jeder allein mit sich beschäftigt.

„Fräulein, sagte Flodoard endlich nach langem Stillschweigen: das heiß ich unglüklich sein!“

„„Unglüklich? Ich verstehe euch nicht, Herr Graf, wer ist denn unglüklich?““ entgegnete die schöne Rosamunde, und sah dem Jüngling ins Auge, und lächelte sanft.

„Der, der in Elysium hineintritt und mit allem fremd ist; der, dem da dürstet, und den Pokal vor sich sieht, welcher nicht für ihn gefüllt ist.“

„„Seid ihr der Fremdling in Elysium etwa, oder der Dürstige neben dem Pokal, der nicht für ihn gefüllt ist? Es scheint, als wolltet ihr, daß ich eure Worte so verstände.““

„Ihr habt es verstanden, schöne Rosamunde. Und, sagt, bin ich nicht recht sehr unglüklich?“

„„Wo ist denn das Elysium, in welchem ihr fremd wäret?““

„Um Rosamunden ist Elysium.“

Rosamunde schlug die Augen nieder.

„Seid ihr böse? hat euch diese Offenherzigkeit gekränkt?“ fuhr Flodoard schnell fort, und zog schüchtern ihre schöne Hand an sich. —

„„Herr Graf, Florenz ist eure Vaterstadt? in Venedig haßt man Galanterien dieser Art. Wenigstens haß ich sie, und von euch wünsch ich sie am wenigsten zu hören.““ Sagte Rosamunde.

„Nein, Fräulein, so wahr ich lebe, hier lauschte hinter den Worten keine Schmeichelei.“

„„Dort tritt der Doge in den Saal — Canari und Sylvio neben ihm, er wird uns im Tanze vermuthen. Kommt zu den Tänzern!““

Flodoard folgte ihr schweigend. Der Tanz begann. — Himmel, wie schön war Rosamunde, wenn sie um Flodoarden nach den süssen Akzenten der Musik hinschwebte — wie schön war Flodoard, wenn er durch die unabsehbare Reihe der Tanzenden hinflog, und sein Auge Rosamunden suchte! Er war entlarvt noch und baarhäuptig, aber jedes Auge glitschte ab von den Federhüten und Helmen, und hin zu dem wilden hochfliegenden schwarzen Haargekräusel des schönen Flodoard. — Im Saal erhob sich ein Geflüster; die Tänzerinnen vergaßen ihre Touren, und die Herzen ihren gewöhnlichen Takt.

Zweites Kapitel.
Flodoard.

Einige Abende nachher sas Parozzi mit dem Memmo und Falieri auf seinem Zimmer, trübe leuchteten die Kerzen, trübe und stürmisch wars draußen am Himmel und düster wars in der Seele dieser Wüstlinge.

Parozzi. (nach einer langen Stille) Seid ihr eingeschlafen? He, Falieri, Memmo, trinkt doch.

Memmo. (verdrüslich) Ach!

Falieri. Dein Wein schmekt mir heut wie Galle.

Parozzi. Die verdammten Schurken!

Memmo. Du meinst die Banditen?

Parozzi. Keiner läßt sich wittern. Es ist bis zum sterben ärgerlich.

Falieri. Und die Zeit verstreicht, unsre Pläne werden verrathen, und wir sizzen dann in den venetianischen Staatskerkern dem Pöbel zum Hohngelächter.

(abermahlige Stille)

Parozzi. (seufzend) Flodoard! Flodoard!

Falieri. Der Kardinal Grimaldi erwartet mich noch diesen Abend.

Memmo. Nun ich denke Contarino kann nicht mehr lange ausbleiben.

Falieri. Er schwelgt gewis in diesen Augenblikken bei Almerien und vergißt Gott, uns, die Republik und Banditen.

Parozzi. Also ihr kennt den Flodoard nicht?

Memmo. Ich kenne ihn nur von Rosamundens Geburtsfest.

Falieri. Parozzi ist eifersüchtig.

Parozzi. O wahrhaftig nicht. Mag Rosamunde ihre Hand dem deutschen Kaiser oder dem ärmsten Gondelier in Venedig schenken, es wird mir gleichgültig sein.

Falieri. Ha, ha, ha, ha!

Memmo. Aber gestehn muß es der Neid, daß Flodoard der schönste Mann unterm Monde ist. — Bei Gott, wär ich ein Weib, ich müßte ihn lieben.

Parozzi. Nun ja, wenn die Weiber Närrinnen deines Kalibers wären, und auf die Schale mehr, als auf den Kern achteten — —

Memmo. Wie denn die Weiber einmal sind.

Falieri. Der alte Canari scheint mit dem Flodoard schon seit alten Zeiten bekannt gewesen zu sein.

Memmo. Freilich, der Graukopf hat ihn ja dem Dogen vorgeführt.

Parozzi. (knirschend) Brüder, es nimmt ein trauriges Ende.

Memmo. (seufzend) Dem Himmel seys geklagt.

Parozzi. Still! — es wird unten gepocht.

Memmo. Contarino ist's. Nun werden wir bald hören, ob er die Banditen gefunden.

Falieri. (aufspringend) Es ist sein Gang.

Die Thür sprang auf. Contarino in einen Mantel verhüllt, trat herein. „Guten Abend!“ sagte er und warf den Mantel ab — und Parozzi, Memmo und Falieri bebten erschrokken zurük, und riefen: Du blutest! was hast du gemacht.

„Kleinigkeiten“ rief Contarino: „He, ist Wein da? gießt mir den ersten besten Becher voll, mich dürstet!“

Memmo. Aber Herzensbrüderchen, du bist sehr erhizt.

Contarino. (trinkt den Becher leer) Gift! Gift! schenkt ein.

Falieri. (gießt den Becher voll) Du blutest!

Contarino. Das weis ich; meine Schuld ists nicht.

Parozzi. Laß dich verbinden und dann erzähle! was ist vorgefallen?

Contarino. (trinkt) tausend Spas! he, füllt den Pokal!

Memmo. Nun, da stehn mir die Sinne still,

Contarino. Nicht so? Siehst du, Memmo, dafür bin ich auch Contarino, und nicht Memmo. — Die Wunde blutet zwar, aber gewiß sie ist nicht gefährlich. (reißt das Wamms auf und entblößt die Brust) da, seht her, was ists mehr, als ein Hieb von zwei Zoll Länge durchs Fleisch.

Memmo. (schaudernd) Brr, ein gräslicher Anblik.

Parozzi. (hohlt Pflaster herbei und verbindet die Wunde, nachdem er sie ausgewaschen.)

Contarino. Vater Horaz hat recht! der Philosoph ist alles was er sein will, Schuster und König und Wundarzt. Da sehe mir einer den Philosoph Parozzi, mit welcher Grandezza er mich zu bepflastern weis. — Magst Dank haben. Nun, Leutchen, sezt euch um mich her in einen Kreis, ich hab euch wunderliche Geschichten zu erzählen.

Falieri. Erzähle.

Contarino. Ich gieng um die Abenddämmerung aus, die Banditen aufzusuchen. Ich kannte die Kerls von Person nicht, und sie mich eben so wenig. Ein abentheuerliches Unternehmen, werdet ihr sagen: Allein, ich thats, um euch zu überführen, man könne alles, wenn man nur können will. Ich hatte schon Notizen genug, und siehe da, in meiner Verkleidung lies ich mich mit einem Gondelier ins Gespräch ein. Ich merkte fast, daß er von dem Aufenthalt der Bravo’s etwas wisse, ich rükte mit Geld und guten Worten näher, er desgleichen, zulezt erfuhr ich, daß er selber eines des saubern Gelichters sei. Ich schloß mit ihm einen Kontrakt, er fuhr mich auf seiner Gondel durch ganz Venedig, bald links, bald rechts, zulezt wußt ich in der Dunkelheit selber nicht mehr, in welchem Viertel der Stadt ich mich befände. Er verband mir endlich sogar die Augen und ich mußte mirs gefallen lassen. — Nach einer Viertelstunde, hielt er die Gondel an, befahl mir auszusteigen, führte mich durch ein paar Straßen in ein Haus, und da in eine enge kleine Stube. Hier riß er mir die Binde von den Augen, ich sah mich in der Mitte von drei fremden Kerln und einer Weibsperson.

Falieri. Ein Wetterkerl der Contarino.

Contarino. Hier war keine Zeit zu verlieren: sondern ich warf mein Geld auf den Tisch, versprach ihnen goldne Berge und machte sie mit gewissen Tagen, Stunden und Zeichen bekannt, durch welche wir uns irgendwo zusammenfinden wollten. Gab ihnen zugleich den Befehl, den Canari, Sylvio und Dandoli aus dem Wege zu räumen.

Alle. Bravo!

Contarino. Kurz, es gieng alles glüklich von Statten; aber plözlich wurden wir durch einen unerwarteten Besuch gestört.

Parozzi. Nun?

Memmo. (ängstlich) Um Gotteswillen — —

Contarino. Man klopfte. Die Weibsperson sprang hinaus, öffnete die Thür und kam todtenblaß wieder zurükgestürzt in unser Zimmer und rief: flieht! flieht!

Falieri. Nun?

Contarino. Bewafnet und bewehrt traten Polizeioffiziere und Sbirren herein, und an ihrer Spizze der Fremdling von Florenz mit dem Degen in der Faust.

Alle. Flodoard? Flodoard?

Contarino. Flodoard!

Falieri. Welcher Teufel führt den dahin?

Parozzi. Hagel und Wetter, warum war ich nicht bei dir!

Memmo. Da siehst du nun, Parozzi, da siehst du's, daß Flodoard kein feiges Weiberherz hat?

Falieri. Still, laß ihn erzählen!

Contarino. Wir standen, wie angedonnert, da, und keiner rührte sich. Im Namen der Republik und des Dogen, ergebt euch! schrie Flodoard! Der

Satan ergiebt sich dir eher, als wir! rief ihm mein Gondelier zu und grif nach einem Degen; die andern rissen die Flinten von der Wand und ich zog die Klinge und schlug die Lampen um, damit keiner den andern sähe. Aber der Mond schimmerte trüb durch die Fensterscheiben. — Ich dachte, hier wirds heißen: mit gefangen mit gehangen! und gieng dem Flodoard mit der Klinge zu Leibe. Aber meine Schläge glitten jedesmal von seinem Säbel ab, der wie ein Bliz um ihn herumflirrte. Ich schlug wie ein Rasender um mich her, aber hier ward meine Kunst zu Schanden, und eh ichs mir versah schlizte er mir die Brust auf. Ich fühlte die Wunde, sprang zurük, es fielen ein paar Schüsse, im Pulverbliz erkannte ich eine unbesezte Nebenthür, ich entwischte glüklich in die eine Kammer, schlug mit einem Faustschlag ein Fenster durch, sprang hinunter, lief einen Hofraum durch, überkletterte ein Paar Zäune, kam an den Kanal, ein Gondelier fuhr mich zum Marcusplaz und nun rannt ich zu Fus hieher. Da habt ihr das vermaledeite Abentheuer!

Parozzi. (aufspringend) Ich werde rasend.

Falieri. Alles, alles geht mit uns den fürchterlichen Krebsgang!

Memmo. Der Himmel warnt uns!

Contarino. Kleinigkeiten! So muß es sein. Je mehr Hindernisse, je größer mein Muth!

Falieri. Haben dich die Banditen erkannt?

Contarino. Nein, sie wissen nicht wer ich bin, noch wer sie zum Morde des herzoglichen Kleeblatts besolden wollte.

Memmo. Ich danke Gott, daß du so glüklich davon gekommen bist.

Falieri. Aber wie hat Flodoard den Aufenthalt der Banditen erfahren, da er doch in Venedig fremd ist?

Contarino. Wahrscheinlich durchs Ohngefähr, wie ich. — Aber meine Brustwunde soll er noch bezahlen!

Falieri. Flodoard macht sich zu schnell merkwürdig.

Parozzi. (hebt den Becher auf) Sein Tod!

Contarino. (trinkt) Gift für ihn!

Falieri. Ich muß mit ihm bekannter werden.

Contarino. He, Memmo, schaff Geld! wann fährt dein Alter dahin?

Memmo. Morgen Abend! —

Drittes Kapitel.
Neuer Lärmen.

Der schöne Fremdling von Florenz war seit dem Geburtsfest der Rosamunde von Korfu das tägliche Gespräch und der ewige Gedanke aller Venetianerinnen geworden, die irgend nur entlegne Ansprüche auf Schönheit und Eroberungen machen konnten. Manches Mädchen schlief jezt unruhiger, und träumte jezt schwerer, manche vermählte Donna stellte jezt Vergleichungen an und seufzte; manche eingezogne Spröde besuchte jezt die vorzüglichsten Spaziergänge und Gärten Venedigs, wo Flodoard sich etwa sehn lassen dürfte.

Allein seit der Zeit, daß eben dieser Flodoard an der Spizze der Sbirren die Banditen in ihrem Neste überfallen und mit Lebensgefahr gefangen genommen hatte, wurde er nun auch der Aufmerksamkeit der Männer würdiger. Man bewunderte nicht sowohl seine Entschlossenheit, seine Kühnheit, als vielmehr die Schlauheit, durch welche er die Wohnung der Bravo's erspäht und die scharfsichtige weltberühmte Polizei der Venetianer beschämt hatte.

Der Doge Andreas Gritti zog ihn nun öfterer zu sich in Gesellschaft, und fieng an, diesem wunderbaren jungen Mann mit vorzüglicher Hochachtung zu begegnen. Er machte ihm ein königliches Geschenk für seine That, wodurch er der Republik so nüzlich geworden war, und erhob ihn zu einer ansehnlichen Civilcharge.

Allein bescheiden lehnte der liebenswürdige Florentiner diese Ehrenbezeugungen von sich ab. Er bat den Dogen ihm noch ein Jahr wenigstens zu erlauben, frei und unabhängig in Venedig leben zu dürfen; dann wolle er selber um ein Amt anhalten. —

Flodoard wohnte in dem prächtigen Pallast des alten Canari, aber lebte hier sehr eingezogen, studierte in den Schriften der Alten und Neuern, verschloß sich Tagelang in seinen Zimmern, und erschien selten nur auf den gewöhnlichen Promenaden.

Aber Canari, der Doge, wie auch Sylvio und Dandoli, Männer, die Venedigs Ruhm für Jahrhunderte gegründet hatten und glänzend erhielten, Männer, in deren Gesellschaft man sich aus dem Zirkel der Alltagsmenschen gerissen fand und im Umgang mit höhern Wesen zu leben glaubte, Männer, die den ausserordentlichen Jüngling Flodoard jezt in ihre Mitte aufnahmen, um ihn zum großen Mann auszubilden; Canari, Gritti, Sylvio und Dandoli sag ich bemerkten leicht, daß Flodoards Heiterkeit ein verstelltes Wesen sei, daß ein geheimer Gram an seinem Herzen nage.

Vergebens durchforschte ihn Canari, der ihn, wie seinen eignen Sohn liebte, vergebens heiterte ihn der ehrwürdige Doge auf — Flodoard blieb, wie er war, schwermüthig.

Und Rosamunde? Rosamunde hätte kein Mädchen sein müssen, wenn sie heiter geblieben wäre: düster und melancholisch schlich sie umher, sie ward blas und immer blässer, der Doge, der sie zärtlich liebte, wurde besorgt für ihre Gesundheit, — Rosamunde wurde zulezt wirklich krank und schwach, die venetianischen Aerzte verschwendeten hier umsonst ihre Kunst, Rosamunde mußte das Bett hüten und fieberte.

In dieser Unruhe, worin sich der Doge und seine Lieblinge befanden, erfuhren sie eines Morgens etwas, welches ihre Sorgen allerdings aufs höchste treiben mußte. Denn eine solche Verwegenheit war bisher in Venedig unerhört gewesen, als diejenige war, welche jezt begangen ward.

Die durch den Flodoard gefangenen Banditen, Petrini, Struzza, Thomas und Baluzzo lebten längst in gefänglichem Verhaft, mußten ein tägliches Verhör dulden und sahn mit jedem Tage ihrer Todesstunde entgegen — jezt glaubten Gritti und seine Vertrauten, es sei nichts mehr für die öffentliche Ruhe zu fürchten und Venedig gesäubert von all dem Gesindel, welches sich zu Werkzeugen des Lasters gebrauchen läßt — als mit einemmahle an den vorzüglichsten Statüen, Straßenekken und öffentlichen Gebäuden folgende Addresse angeschlagen gefunden wurde.

Venetianer!

Struzza, Thomas, Matteo, Petrini, und Baluzzo, die bravsten Männer von der Welt, die, wenn sie an der Spizze einer Armee gestanden hätten, Helden heißen würden und izt als Banditen der Staatsetikette zum Opfer gebracht worden sind, existiren für euch zwar nicht mehr, aber mit Leib und Seele noch einer, dessen Name diesem Blatte unterschrieben steht. Lächerlich ist mir Venedigs Polizei, lächerlich der Stolz des schlauen Flodoard, der meine Brüder zur Schlachtbank hinschleppte. Ich lebe noch! Wer meiner bedarf, der suche mich, er wird mich allenthalben finden, wer mir verrätherisch nachspürt, wird mich nirgends sehn! — Venetianer, ihr versteht mich! Wehe dem, der mich verfolgt; sein Leben und sein Tod ruhn in meiner Hand. — Ich bin der venetianische Bandit

Abaellino.

„Hundert Zechinen!“ rief der brave Doge von Venedig: „hundert Zechinen dem, der mir das Ungeheuer entdekt, und tausend dem, der mir es liefert!“ —

Allein umsonst flogen die Spione der Polizei umher; sie trafen keinen Abaellino. Umsonst paßten jezt alle Müßiggänger, Pflastertreter, Lungrer und Banqueroteurs auf, um tausend Zechinen zu gewinnen, Abaellino machte ihren Wiz zu Schanden.

Aber allenthalben wollte man izt den Abaellino gesehn haben, der eine in der Gestalt eines Greises, der andre in der eines Knaben, der dritte in einem Weiberrok, der vierte in der Mönchskutte; es hatte ihn jeder gesehn und keiner.

Viertes Kapitel.
Das Veilchen.

Ich erzählte den Lesern im Anfang des vorigen Kapitels, daß Flodoard so traurig und Rosamunde so düster geworden wären, aber das warum? hab ich ihnen noch nicht entdekt.

Flodoard, der sonst so heiter und die Seele der Gesellschaften gewesen war, fing seit einem gewissen Tage an, ernster zu werden, und von eben dem Tage an verlor auch die fröhliche Rosamunde ihren Humor.

An diesem Tage nämlich führte die Hand des launenhaften Ohngefährs, oder die Göttin Liebe, die nun zuweilen auch ihre Grillen hat, Rosamunden in ihren Oheimes Garten, der nur den Vertrauten des Dogen offen stand, und in welchem er selber in stiller Einsamkeit oft am Abend eines schwülen Tages ausruhte.

Rosamunde gieng hier die breiten, sandigen Wege auf und nieder, tief in Betrachtungen verloren. Sie rupfte die unschuldigen Blätter von den Hekken ab, und streute sie gedankenlos vor sich hin; blieb zuweilen plözlich stehn, gieng dann wieder einige Schritte vor, blieb wieder stehn, sah bald den blauen Himmel, bald die Erde an: zuweilen schwoll ihr schöner Busen stürmisch empor, zuweilen flog ein halbunterdrükter Seufzer über ihre kleinen Lippen. —

„Aber er ist doch schön!“ sprach sie leise, und starrte schmachtend vor sich hin, als sähe ihr Auge ein Etwas, das gewöhnlichen Blikken verschleiert ist.

„Doch Iduella hat auch Recht!“ fuhr sie dann wieder fort, und sah böse aus, als wenn Iduella Unrecht gehabt hätte.

Diese Iduella war ihre Gouvernantin Freundin und Vertraute, eine der würdigsten Damen ihres Geschlechts. Rosamunde hatte nämlich ihre Eltern früh verloren. Die Mutter starb, da Rosamunde kaum den Mutternamen lallen konnte, und ihr Vater Guiscardo von Korfu, Kommandeur eines venetianischen Schiffes, war vor acht Jahren mit seinem Schiffe in einem

Seetreffen wider die Türken untergegangen, da er noch ein Mann in den besten Jahren war. Iduella wurde nun die Erzieherin und Mutter Rosamundens, und nun Freundin und Vertraute ihrer kleinen Geheimnisse.

Indem nun Rosamunde noch mit sich selber plauderte, trat die ehrwürdige Iduella aus einem Seitengang hervor.

Rosamunde. (bestürzt) Bist du auch hier?

Iduella. (sanftlächelnd) Nun ja, du nennst mich ja gewöhnlich deinen Schuzgeist, und Schuzgeister müssen nie von ihren Lieblingen fern sein.

Rosamunde. Höre, Iduella, ich habe deine Reden überdacht, und gefunden, daß sie zwar richtig und sehr weise gesprochen sind, allein — —

Iduella. Was deine Vernunft bejaht, verneint dein Herz?

Rosamunde. Gewis.

Iduella. Ich tadle dich auch gar nicht, liebes Kind, sondern ich habe dir ja selber gestanden, daß, wär ich in deinem Alter, und ein Flodoard erschiene, und bettelte oder bettelte nicht um meine Gunst, ich ihm gewis nicht böse sein würde. — Flodoard bleibt unstreitig ein angenehmer, und, für jedes Mädchen von Geschmak, sehr gefährlicher junger Mann. Er hat viel Einnehmendes in seiner Gestalt, viel Reiz in seinem Umgang, viel schöne Züge in seinem Karakter — — aber er ist ein armer Edelmann, dem der Doge von Venedig unmöglich seine Nichte zur Gemahlin geben kann und wird.

Rosamunde. (lächelnd) Ei, wer spricht denn von Gemahlin werden? ich will ihm ja nur — — nur gut sein.

Iduella. So? also, würdest du zufrieden sein, wenn Flodoard sich mit einer andern Venetianerin — — —

Rosamunde. (schnell) O das thut er gewiß nicht.

Iduella. (lächelnd) Liebes Kind, du willst dich so gern selbst betrügen. Aber thu es nicht. Ein Mädchen, welches liebt, verknüpft mit den Gedanken an ihre Liebe zugleich den Wunsch einer ewigen Verbindung. Und den Wunsch darfst du hier gar nicht hegen, ohne deinen Oheim zu beleidigen, der, er mag der beste Mann von der Welt sein, doch dem eisernen Gesez der Politik und Etikette gehorchen muß.

Rosamunde. Ja, ja, ich weis das sehr gut. Sieh nur, ich will ihn auch nicht lieben, sondern, ich will nur seine Freundin sein. Und er verdiente gewiß, daß ich ihm gut bin; ach, glaube nur Flodoard verdient noch weit mehr.

Iduella. Und Freundschaft und Liebe, — o, Rosamunde, du kennst diese Gäste nicht. Freundschaft und Liebe vertauschen oft ihre Masken unter einander. Die Liebe hängt oft den Mantel der Freundschaft um, wenn man sie in ihrer eigenthümlichen Gestalt nicht dulden will. — Mit einem Worte, liebes Kind, denk an deinen Oheim, denke daran wieviel du ihm schuldig bist, und opfre ihm eine Grille deines Herzens auf.

Rosamunde. Ja, ich glaube beinah selber, daß nur eine vorübergehende Laune bei mir ist. Ich will den Flodoard nicht mehr lieben. Du kannst dich darauf verlassen. — Ich bin ihm jezt gar nicht mehr gut, wenn ich daran denke, daß er mich von meinem lieben Oheim abwendig machen will.

Iduella. (lächelnd) Solltest du so viele Gewalt über deine rebellischen Empfindungen haben?

Rosamunde. Gewiß. Es wird sich zeigen. Ich bin ihm gar nicht mehr gut, dem Verführer.

Iduella. (mit einem scharfen Blik auf sie) Gar nicht mehr gut?

Rosamunde. (seitwärts blikkend) I nun ja, wohl noch etwas; denn hassen kann ich doch den armen Flodoard nicht; das hat er nicht verschuldet.

Iduella. Nun, wir sprechen uns wieder. Vergiß deinen schnellen Vorsatz nicht so rasch, als er dir auflog. Ich will einen Besuch ablegen; die Gondel erwartet mich.

Iduella verlor sich in den Gängen des Gartens und Rosamunde schlich langsam umher und träumte und dachte, wünschte und verdammte, sehnte sich wonach und wollte sich nicht das Ziel ihrer Sehnsucht gestehn.

Es war ein heißer Sommernachmittag, und Rosamunde sah sich um nach einem schattigten Pläzchen. Sie suchte die Fontaine auf, neben welcher eine kleine Rasenbank angelegt war, worüber die zauberischen Hände der Kunst und Natur ein Nez von Jasmin und Epheu gewebt hatten. Dieß Pläzchen suchte sie auf; sie kam zur Fontaine, drehte sich um die Hekken und — ach! erröthend flog sie zurük, denn Flodoard sas auf dem Rasenbänkchen unter dem Jasmin- und Epheunez neben der Fontaine und las in einem Bündel Schriften.

Rosamunde wußte nicht ob sie fliehn, oder stehn bleiben müsse. — Flodoard sprang auf, so bestürzt er auch war, und rettete sie aus der Verlegenheit, indem er ihr die Hand küßte.

Jezt, wenn sie nicht wider allen guten Ton sündigen wollte, mußte sie stehn bleiben.

Flodoard behielt ihre Hand in der seinen — was konnte sie davor, daß er auf den sehr natürlichen Einfall kam? die Hand zurükzuziehn? — je nun, er that ja der Hand nichts zu leide, und schien in ihrem Besiz so glüklich zu sein — und wie konnte Rosamunde die namenlose Grausamkeit begehn, und jemanden ein Glük rauben, das ihrem Glükke nicht widersprach?

„Fräulein, sagte Flodoard, um doch etwas zu sagen; der schöne Nachmittag ists werth, daß man ihn im Freien verlebt!“

„„Aber ich störe Euch im Studieren, Herr Graf.““

„Wird man gestört in seiner Pflicht, wenn sich uns eine angenehmre aufdringet?“

Nun war das Gespräch zu Ende. Sie sahn sich beide an, schlugen beide die Augen nieder, sahn beide umher nach Luft, Beeten, Himmel, Bäumen und Blumen, suchten Stoff für ein Gespräch und je ämsiger sie suchten, je weniger fanden sie, und in der peinlichsten Verlegenheit verflogen zwei kostbare Minuten.

„Ach ein niedliches Veilchen!“ rief plözlich Rosamunde, um doch etwas vorzunehmen, und sprang hin, bükte sich und pflükte das Blümchen, welches sie gewiß zu jeher andern Zeit nicht gepflükt haben würde.

„„Eine schöne Blume!““ sagte Flodoard und ärgerte sich über diese leeren Worte.

„Eine herrliche Farbe!“ fuhr Rosamunde fort: „Violet, roth und blau so schön unter einander gemischt, wie kein Maler die Farben mischen kann.“

„„Und ein bedeutungsvolles Blümchen! sezte er hinzu: Roth die Farbe der Freude, Blau die Farbe der Freundschaft und — — ach, wie glüklich wäre der Mann, Rosamunde, dem ihr die Blume gäbet! — Freundschaft und Seeligkeit hängen unauflöslich aneinander, Freundschaft und Seeligkeit sind inniger vermischt, als dieß Roth und Blau des bedeutungsvollen Veilchens!““

„Was ihr nicht über eine simple Blume schönes zu sagen wißt!“

„„Aber, wem wird einstens Rosamunde das geben, was diese Blume bezeichnet? — doch, eine alberne Frage — ich weis auch gar nicht, wie ich heut beschaffen bin — verzeiht mir den lächerlichen Vorwiz, Fräulein!““

Er war still. Rosamunde war still; Stille herrschte am Himmel und auf Erden, aber nicht im Herzen der Liebenden.

Aber wenn sie auch ihrer Zunge gebieten konnten, daß sie nicht Verräther der geheimen Leidenschaft wurde, wenn gleich die Lippen Rosamundens nicht gestanden: du bist es, Flodoard, dem dies Veilchen von mir gegeben werden soll; wenn gleich Flodoards Mund nicht fragte: Rosamunde, gieb mir die Blume und das was sie bedeutet! o so schwiegen doch ihre Augen nicht. Diese treulosen Dollmetscher heimlicher Gefühle bekannten hier mehr, als das Herz sich selber eingestand. —

Flodoard und Rosamunde standen in süsse Quaalen versunken vor einander da; ihre Blikke ruhten auf einander und wurden die Herolde der wachsenden Empfindung. Mit einem namenlosen schwärmerischen Lächeln starrte die unschuldige Rosamunde den auserkornen Liebling an; und schüchtern zweifelnd studierte der schöne Jüngling dieß Lächeln Rosamundens. Und er verstand es; und das Herz pochte lauter, und rascher flog sein Odem.

Rosamunde bebte; ihr Busen erhob sich ungestümmer; sie wurd es gewahr und ein liebliches Roth der Schaamhaftigkeit strömte über ihr Angesicht hinab.

Ach, eine Ewigkeit so dazustehn, sich spiegeln zu können im liebenden Auge des Geliebten, hören zu können die leisen Seufzer der Sehnsucht, berechnen zu können am Aufwallen und Sinken des Busens, die Ebbe und Flut der Empfindungen — dieß ist der erste Himmel, zu welchem die Liebe führt.

„Rosamunde!“ seufzte Flodoard unwillkührlich, und unwillkührlich lispelte sie: „Flodoard!“

„Gieb mir das Veilchen, o mir!“ stammelte er, und zitterte nicht vor seiner kühnen Foderung.

Rosamunde hielt die Blume fest.

„Fodre, fodre dafür eine Königskrone, ich will sie dir stehlen. Rosamunde, mir die Blume!“

Sie sah den Bittenden an und schwieg.

„Mein Glük, meine Ruhe, mein Leben hängt an dieser Blume. So wahr ein Gott lebt, ich thue dann Verzicht auf alles, was die Erde Schönes trägt!“

Die Blume schwankte in ihrer schönen Hand.

„Du erhörst mich, Rosamunde? Ich bettle nicht umsonst?“

Bei dem Wort betteln fiel ihr Iduella ein. Wo bleibt dein Versprechen, dein Vorsaz? sagte sie zu sich selber: flieh, flieh! du wirst dir und Iduellen und deinem Oheim treulos.

Und sie zerriß die Blume.

„Ich verstehe euch, Flodoard, sagte sie: aber gebt eure Pläne auf — und so wie jezt laßt uns nimmer in diesem Leben wieder beisammen stehn.“

Sie sprachs, drehte sich um und lies den armen Flodoard angedonnert stehn.

Fünftes Kapitel.
Abaellino.

Kaum war sie auf ihrem Zimmer, o so beweinte sie auch schon ihre Heldenthat. — Es that ihr wehe, ihn so beleidigt zu haben. Sie dachte sich den armen Jüngling, wie er nun nach ihrer Flucht dagestanden habe, niedergeschlagen, hoffnungslos mit nassen Augen. Sie sah ihn im Geiste sich härmen, und trostlos jammern; sah ihn, wie er nun freudenlos umherschlich, die Mörderin seiner Seelenruhe verdammte, dem Grabe entgegen hoffte und sich demselben mit jeder Thräne, die er ihrentwillen verweinte, näherte; sie hörte schon im Geiste die Nachricht: Flodoard ist gestorben! sah nun schon das Volk um seine Gruft versammelt weinen, um ihn, den das halbe Venedig anbetete, und die ganze Stadt und seine Feinde selbst bewunderten.

„Nein, nein!“ rief sie: „das war eine erbärmliche Heldenthat! nein, Flodoard, ich habe es nicht so gemeint, als ich sprach, ich liebe dich doch, ich will dich lieben, und wenn auch Iduella zürnt, und mein Oheim mich hasset!“

Einige Tage nachher erfuhr sie, daß Flodoard allen seinen Bekannten sehr verwandelt erscheine, daß er melancholisch umherirre und sich in den Zirkeln der Freude nur selten hineinmische.

Dies war ihrem weichen Herzen eine schrekliche Post. — Sie floh in die Einsamkeit ihres Gemachs, weinte sich satt, und büßte mit tausend Thränen der Reue ihr Verbrechen.

Niemand kannte ihrer Schwermuth Quelle niemand ihrer Krankheit Ursprung. Darf es uns noch wundern, wenn Rosamunde zulezt die ängstlichen Sorgen den alten Oheims wekte, und jeder um ihr Leben zitterte. Darf es uns noch wundern, wenn Flodoard sich mit seinem Seelengram den Augen der Welt entzog und vergebens den harten Kampf mit einer Leidenschaft begann, welche schon jede andre Empfindung in ihre Wirbel verschlungen hatte?

Doch wir verlassen Rosamundens Krankenbett auf einige Augenblikke und besuchen zur Abwechslung die Wohnung der Rebellen, die in ihren Planen immer weiter rükten, immer zahlreicher, immer mächtiger und für den alten Andreas Gritti und sein Venedig fürchterlicher wurden.

Parozzi, Memmo, Contarino, Falieri die Häupter der werdenden Verschwörung versammelten sich jezt öfter im Pallast des Kardinal Grimaldi, wo sie ihre Entwürfe zur Staatsveränderung Venedigs gemeinsam spannen. — Jeder handelte hier angetrieben von seinem Privatintresse; der eine um seiner ungeheuer angelaufnen Schulden mit einemmale quitt zu werden, der andre um seinem Ehrgeiz ein Opfer zu bringen, der dritte um Rache zu üben für gewisse längst vergährte Kränkungen, der vierte um seine Rechte ausgebreiteter zu machen u. s. f.

Diese schreklichen Menschen, welche nichts geringers als entweder Venedigs Umsturz, oder Erfüllung ihrer überspannten Foderungen verlangten, hatten um so mehr zur Ausführung ihrer Schwindeleien Muth, da der größte Theil des venetianischen Pöbels, der über die neuen Auflagen und Steuern klagte, sich an sie schlos.

Reich genug an Menschen, reich genug an Geldern, um die fürchterlichen Projekte zu realisiren, reich genug an kühnen, verwegnen, schlauen Männern, die fähig genug waren Revoluzionen anzuzetteln und durchzuführen, sahn sie schon stolz herab auf den guten Doge Andreas Gritti, der von diesem höllischen Komplot nichts beahndete.

Allein ein fürchterlicher Schall wars ihren Ohren, als man die arme Sünderglokke läutete und die gefangnen Banditen zum Richtplaz führte, auf welche sie einen großen Theil ihrer Hofnungen gesezt hatten. Desto froher aber machte sie der Stolz des verwegnen Banditen Abaellino, der öffentlich aufzuschlagen sich erkühnte, er lebe noch in Venedig, und man solle nicht verzagen.

Der Tollkopf ist ein Mann für uns, riefen alle entzükt, und jezt lag alles daran den verwegnen Menschen in ihre Verschwörung zu verzetteln.

Es gelang ihnen wirklich. Abaellino fand sich zuweilen bei ihnen ein, aber er war in seinen Foderungen eben so vermessen, als in seinen Versprechungen.

Alle verlangten zuerst den Tod des Prokurator Sylvio, ein Mann, der zu den wärmsten Freunden des Dogen gehörte, ein Mann, vor dessen Falkenblik sich ihr lichtscheues Gewissen fürchtete, und der den Kardinal Grimaldi bei dem Dogen verdrängt hatte.

Aber Abaellino verlangte für das Leben dieses einzigen ungeheure Goldsummen.

„Ich versprech' es euch, sagte er, als ein ehrlicher Kerl, daß wenn ihr mir mein Geld gebt, der Prokurator Sylvio in der andern Stunde die Augen auf immer schließt. Er hänge am Himmel, oder verkerkere sich in der Hölle, ich finde ihn, und treffe ihn.“

Was sollte man thun. Handeln ließ sich Abaellino nicht; der Kardinal wollte so gern seinem Ziele näher rükken, über Sylvios Grab aber führte sein Weg.

Abaellino empfieng das Geld, und am andern Morgen fehlte der verehrungswürdige Sylvio, der Liebling den, braven Gritti, der Stolz Venedigs in der Gesellschaft der Lebendigen.

„Ein fürchterlicher Kerl, der Abaellino!" riefen die Verschwornen, und feierten triumphirend an der Tafel des Kardinals das Todesfest des Prokurators.

Der Doge war bestürzt und lange ausser sich vor Schrek. Er sezte eine große Prämie darauf, wer denjenigen entdekken würde, der den Freund des Dogen aus der Welt geschafft hätte. — —

Es wurde dieser Wille des Dogen an allen Straßenekken ausgerufen, in der ganzen Republik bekannt gemacht, und einige Morgen nachher fand man folgenden Zettel angeschlagen an die Hauptpforte der venetianischen Signoria:

Venetianer!

Bemüht euch nicht den Preis zu verdienen, der auf meine Entdekkung gesezt ist. Ich selber bekenne hiemit: Abaellino war Sylvios Mörder, und wer ihn hascht, den will er königlich belohnen.

Abaellino.

Sechstes Kapitel.
Die Entdekkung.

Ich darfs gewiß meinen Lesern nicht erst erzälen, daß Venedig ob dieser Frechheit ausser sich war. Nie hatte noch ein Mensch so etwas gewagt, nie einer so voll stolzen Uibermuthes der berühmten Polizei Venedigs und der Gewalt des Dogen gespottet. Alles gerieth in Bewegung, die Patrouillen wurden verdoppelt, die Wachen verstärkt, die Sbirren umhergesandt, und niemand sah und hörte und spürte etwas von dem Abaellino.

Die Pfaffen predigten von dem stolzen Verbrecher, und riefen die schlummernde Rache Gottes auf, solchen Greuel zu rügen. Die Damen zitterten vor dem Namen Abaellino's, denn wer konnte ihnen dafür stehn, daß er sie nicht, wie ehmals Rosamunden, zu seiner Braut einweihte. Die alten Mütterchen behaupteten fest, Abaellino hab sich dem Teufel verkauft und mit dessen Beistand spotte er der gerechten Wuth aller frommen Venetianer. Kardinal Grimaldi, Parozzi und seine Gesellen waren stolz auf diesen furchtbaren Bundesgenossen, und pochten jezt schon lauter und sahen eine Zukunft voller Triumphe. Die verwaiste Familie des ermordeten Sylvio rief Fluch herab auf den Mörder, und jede Thräne, welche sie verweinte, wünschten sie in ein Schwefelmeer verwandeln zu können, worinn sie den Abaellino hinabstürzen könnten. Der Doge und seine Getreuen betrauerten lange ihren verlornen Freund und schwuren nicht eher zu rasten, bis sie den heillosen Verbrecher ertappt, und schreklich bestraft haben würden.

„Aber bei alle dem, sagte Andreas Gritti: bei alle dem muß ich dennoch gestehn, der Abaellino ist ein seltner Mensch, der, wenn er vielleicht an der Spizze eines Heers stände, die halbe Welt erobern würde. Ich möchte wenigstens den Mann nur einmal sehen!

Ich will deinen Wunsch erfüllen! sagte eines Abends, da Gritti allein in dem Garten seiner Familie auf und niederwandelte, ein unbekannter Mensch zu ihm: Ich will deinen Wunsch erfüllen. Sieh hier den Abaellino, den Freund des erschlagnen Sylvio und deinen und der Republik allgetreusten Diener! — “

Gritti sah auf und bebte zurük. Eine, halb in ihren Mantel vermummte Gestalt, mit dem scheuslichsten Angesicht von der Welt, stand vor ihm und röchelte ihm diese Worte zu. Er, der in den Feld- und Seeschlachten nie gezittert, und von keiner Gefahr aus seiner Gleichmüthigkeit gestört war, er, der tapfre Doge verlor in diesem Augenblik auf einige Minuten seine Geistesgegenwart. Sprachlos starrte er den Banditen an, der furchtlos vor ihm da stand, und nicht von der Majestät des Ersten in Venedig gerührt wurde.

Abaellino grinste ihn freundlich an.

„Du bist ein fürchterlicher — ein abscheulicher Mensch!“ sprach Gritti indem er sich wieder sammelte.

„Fürchterlich?“ entgegnete der Bandit: „das freut mich! — Abscheulich? das möcht ich nicht sagen. Freilich mein Aushängeschild zeugt von einem abscheulichen Handwerke, aber Doge, was meinst du? vielleicht sind wir beide die größten Männer Venedigs, du in deiner, ich in meiner Art!“

Der Doge lächelte unwillig.

„O!“ fuhr Abaellino fort: „lächle nicht so ungläubig. Erlaub es immerhin, daß ich mich, als Bandit, mit einem Dogen vergleiche; ich denke immer, man darf sich mit dem vergleichen, mit wem man sich messen darf! —“

Der Doge machte eine Bewegung ihn zu verlassen.

„Nicht doch!“ rief der Bandit schmunzelnd: „das Ohngefähr führt solch ein Paar großer Männer nicht sobald wieder auf diesen kleinen Landstrich zusammen. Bleib doch!“

„Höre Abaellino,“ redete ihn der Doge an, mit aller Hoheit, die in seiner Gewalt stand: „Du hast große Talente vom Himmel empfangen, warum wucherst du mit denselben nicht besser. — Ich verkündige dir völlige Verzeihung und Amnestie über alles das, was geschehen ist, unter der Bedingung, daß du mir den nennst, der dich zu Syivios Mörder gedungen, und daß du das Gebiet der Republik verlassest. —"

„Hi, hi!" entgegnete Abaellino: „Über die Grillen bin ich längst hinweggesprungen. Menschen können für meine Sünden keinen Ablaß ertheilen, und an jenem Tage, wenn alle Menschen ihren Schuldbrief vorzeigen, werd' ich auch den meinigen aufzeigen können. Den Namen dessen, der mich zu Sylvios Mord bezahlte, wirst du, aber nur heute nicht erfahren. Ich soll das Gebiet der Republik räumen? — warum? aus Furcht vor dir? hi, hi! aus Furcht vor der Republik? — ha, die fürchtet den Abaellino, aber Abaellino sie nicht! Doch unter einer Bedingung könnt' ichs vielleicht thun — —"

„Und die wäre?" fragte der Doge: „willst du zehntausend Goldstükke? — "

„Ich gäbe dir selber gern zehntausend Goldstükke, wenn du deine häßlichen Worte ungesagt machen könntest. — Nein, gieb mir deine Nichte Rosamunde, die, Tochter des Guiscardo von Korfu zur Gemahlin!"

„Unmensch!"

„Hi, hi! Geduld! — Du willst nicht? —"

„Fodre Geld und Gut, ich gäbe dirs. Und wenn die Republik eine Million an dich verlöre, sie gewönne dabei, wenn du ihre Luft nicht mehr verpesten wolltest!"

„Wahrhaftig? — sieh eine halbe Million beinah hab ich schon wieder bekommen für das Leben deiner treusten Freunde, für Kanaris und Dandolis Kopf! gieb mir Rosamunden, oder — —"

„Schurke!"

„In vier und zwanzig Stunden sind Kanari und Dandoli zum Teufel! sag, Abaellino hats gesagt!"

Bei diesen Worten zog der Bandit ein Terzerol hervor, schos es in die Luft ab — der Herzog prallte zurük, und als er sich umsah, war Abaellino verschwunden.

An eben demselben Abend, oder vielmehr in der Mitternachtsstunde stand Abaellino im Pallaste des Kardinal Grimaldi unter den Verschwornen. Parozzi, Memmo, Falieri, Kontarino, welche wir schon kennen und andre ihres saubern Gelichters waren gegenwärtig.

Man sas eben bei Tische und schwenkte die vollen Pokale. Grimaldi erzählte, wie er sich beim Dogen eingeschmeichelt und den Parozzi, Memmo Kontarino und Falieri empfohlen hätte; Kontarino prahlte mit der erledigten Procuratorstelle, wie sie ihm gewiß nicht entgehn würde, Parozzi zweifelte gar nicht an Dandolis oder Kanaris Stelle beim Herzog Plaz nehmen zu können, wenn sie nur erst hingerichtet sein würden und — in dem Augenblik stand Abaellino vor ihnen.

„Na, rief er: Wein her! das Werk war vollbracht! Dandoli und Kanari sizzen jezt beim Teufel zum Nachtmahl! —"

Alle sprangen erstaunt auf.

„Und den Dogen hab ich persönlich Wahrheiten gesagt. Seid ihr nun zufrieden mit mir, ihr Bluthunde?"

„Flodoarden noch!" schrie jauchzend Parozzi, und Abaellino rief: Brr! Brr!

Drittes Buch.

Erstes Kapitel.
Flodoard und Rosamunde.

Rosamunde, Venedigs Liebling, war krank: Iduella seufzte sich müde am Lager der schönen Elwin und seufzte sich wach daran. Rosamunde war krank, ein stiller Seelenharm nagte an der Blüte ihrer Reize, — ach, sie liebte den edeln Flodoard; aber wer hätte Flodoarden auch hassen können. — Sein Heldenwuchs, sein schönes Angesicht, sein schwärmerischer Blik, sein ganzes Wesen predigte laut: seht hier den Favoriten der Natur — und Rosamunde? — Rosamunde liebte die Natur so sehr!

Aber Flodoard war auch kränklich. Er schlos sich oft ein: vermied alle Gesellschaften, oder reiste zur Erheiterung seines Geistes durch die Städte der Republik. Oft war er Wochenlang abwesend, und wenn er dann wieder kam, o, wie sehnsuchtsvoll erwartete ihn dann jeder Familiencirkel, in welchen er eingeweiht war!

Jezt war er drei Wochen von Venedig abwesend gewesen. Niemand wußte von ihm, in welchen Gegenden er umherschwärmte. Der Doge hätte ihn so gern jezt gehabt, um sich nach so vielen Fatalitäten etwas in seiner Gesellschaft zu zerstreuen, und — wie gerufen — erschien er nun.

„Lieber Flodoard!“ seufzte der Doge, als Flodoard zu ihm in das Zimmer trat: „ihr müßt euch nicht nicht so lange von uns entfernen. Ich bin jezt ein verwaister Mann. Ihr wißt doch schon, daß mein Kanari, mein Dandoli —“ — —

„Alles“ entgegnete Flodoard mit verbißnem Schmerz.

„Es schleicht der Teufel durch Venedig, unter dem Namen Abaellino’s, und raubt mir alles, was mir theuer ist. Flodoard, ich zitterte auch schon für euch. — Wir haben vieles, vieles mit einander zu reden, aber jezt gebricht mir die Zeit. Es hat sich ein Fremder melden lassen; ich muß ihn empfangen. Aber —“ —

In diesem Augenblik schwankte Rosamunde aus einem Nebenzimmer herein. Sie sah Flodoarden und bebte seitwärts. Flodoard schlug die Augen nieder und begrüßte bebend die holde Nichte des bekümmerten Dogen.

„In einer halben Stunde werd’ ich euch rufen lassen;“ fuhr der Herzog fort; „unterhaltet meine kranke Nichte.“

Der ehrwürdige Gritti verlies den bestürzten Jüngling. Rosamunde trat an ein Fenster. Flodoard schlich ihr langsam nach.

Verlegen standen sie beide da — sahen bald hinaus auf den St. Markusplaz, bald nach den herrlichen Gemälden des herzoglichen Zimmers, bald auf ihre Fingerspizzen.

„Ihr zürnet noch?“ stammelte endlich Flodoard, und dachte an die fatale Gartenscene.

„Ich zürne nicht,“ antwortete Rosamunde, und ein schönes Roth flog über die blassen Wangen.

Flodoard. (mit festerer Stimme) Und ihr habt mir meine Sünde ganz vergeben?

Rosamunde. (vor sich nieder lächelnd) Sünde? — nun ja, ganz vergeben. — Ein Sterbender muß ja gern verzeihn, damit Gott in seinem Gericht auch gern verzeihe. Und ich bin eine Sterbende — ich fühl es.

Flodoard. Sennora!

Rosamunde. Zweifelt nicht. Seit gestern hab ich zwar das Krankenlager verlassen, aber, es ahndet' mir, ich werd' es bald wieder aufsuchen, um es nie wieder zu verlassen. Und darum — darum bitt ich auch von euch Verzeihung, wenn ich euch gekränkt haben sollte.

Flodoard. (schweigt)

Rosamunde. Ihr scheinet sehr rachsüchtig, sehr unversöhnlich zu sein.

Flodoard. (lächelt sie wehmüthig an)

Rosamunde. (ihm die Hand reichend) Nun, Signor, alles vergessen?

Flodoard. Nein, nein! das kann ich nicht. Ich kann nichts vergessen, was ich mit euch gelebt habe. Ich will nichts vergessen, die Auftritte sind mir zu heilig. — Aber verzeihen? (indem er ihre Hand an seinen Mund drükt) Ach, wollte Gott, ihr hättet mich recht sehr beleidigt, theure Sennora, recht sehr beleidigt, dann könnt ich euch auch sehr vieles verzeihn — aber jezt kann ich nichts vergeben. (lange Pause)

Rosamunde. Ihr habt wohl viel umhergeschwärmt seit den lezten Wochen.

Flodoard. Viel.

Rosamunde. Und hattet vieles Vergnügen?

Flodoard. (schnell) Warum nicht? man sprach ja allenthalben mit mir von Rosamunden.

Rosamunde. (mit einem strafenden Blik und sanften Ton) Flodoard?

Flodoard. Und wißt ihr, welchen Plan ich nun habe?

Rosamunde. Wieder fortzureisen?

Flodoard. Getroffen, und zwar um nie wieder nach Venedig heimzukehren.

Rosamunde. (überrascht) Nicht doch, Flodoard! Flodoard, das solltet ihr können? (vor ihren Worten erröthend.) Ihr — ihr scherzt!

Flodoard. So wahr Gott lebt, ich habe nie ernster gesprochen!

Rosamunde. (mit einem intressanten Blik) Nein, Flodoard, ich glaub es euch in Ewigkeit nicht.

Flodoard. Hab ich schon allen Glauben bei euch verloren?

Rosamunde. Und wohin wollt ihr, wenn ich darum fragen darf?

Flodoard. Nach Maltha, und mit den Malthesern wider die Korsaren. Der Himmel wirds doch geben, daß ich mich zum Kommandeur eines Schiffs aufschwinge — das Schiff führe dann den Namen Rosamunde, und das Schlachtgeschrei sei Rosamunde! Ich hin dann gewiß unüberwindlich! —

Rosamunde. Ihr spottet bitter, aber bei Gott, das hat Rosamunde um euch nicht verdient.

Flodoard. Spott? — ich euch verspotten? — wahrhaftig ich spotte nicht, die Zeitungen mögen über Jahr und Tag mich und diese Stunde rechtfertigen.

Rosamunde. (ihn anstarrend) Ihr treibt es weit mit euern Wiz.

Flodoard. (lächelnd) Nun ja, und wem verdank' ich diesen Wiz? kurz und gut, Sennora, ich verlasse Venedig, um euch keine unangenehme Augenblikke zu schaffen. Vielleicht sehn mich die türkischen Freibeuter lieber.

Rosamunde. Man sollte auf euch Jagd machen; ihr freibeutert nur zu sehr und selbst auf festem Lande.

Flodoard. Gott weis es, und bin ein sehr unglüklicher Freibeuter auf festem Lande, denn ich gerathe da in Gefangenschaft, wo ich zu siegen träumte.

Rosamunde. (ausweichend) Und ihr könntet den Dogen verlassen, der euch so sehr schäzt?

Flodoard. Die Liebe des Dogen ist mir theuer. Aber, bei Gott, Rosamunde, sie macht mich nicht glüklich, und wenn man mir Königreiche zu Füssen legte, sie machten mich nicht glüklich —

Rosamunde. Bedürft ihr zu euerm Glük soviel?

Flodoard. Viel, unendlich viel! — ich habe darum gebettelt — (indem er sie anstarrt und ihre Hand heftig drükt) ich habe darum gebettelt — Rosamunde, und man hat mirs abgeschlagen.

Rosamunde. Ihr seid ein Schwärmer!

Flodoard. (sich näher an sie schließend) Rosamunde!

Rosamunde. (zitternd) Was wollt ihr?

Flodoard. (halbleise) Mein Glük!

Rosamunde. (sieht ihn ein Weilchen an, zieht ihn zu sich, stößt ihn wieder zurük) Geht! geht! um Gotteswillen geht! —

Flodoard. (wandelt langsam und traurig mit untereinander geschlagnen Atmen durchs Zimmer)

Rosamunde. (schwankt ihm nach, nimmt seine Hand — sinkt an seine Brust) Flodoard!

Zweites Kapitel.
Ein fürchterliches Versprechen.

Heil dem glüklichen Flodoard, er hatte überwunden! er hielt das liebende Mädchen in seinen Armen fest, und glaubte eine Gottheit zu umarmen. Fest schlang sich Rosamundens Hand um Flodoardens Nakken; er war der ihrige, dem sie so manche Thräne geweint, so manchen Seufzer geseufzt, so manchen Traum geträumt hatte.

Dicht in einander verschlungen, standen sie da, eine herrliche Gruppe für den Pinsel einer Angelika Kaufmann — und die Engel Gottes schwebten unsichtbar über die Liebe dieser Heiligen.

Nur einmahl schlägt unter allen tausend Stunden des Lebens dem Sterblichen eine solche Stunde: Heil dem, der sie noch erwartet, Heil dem, der sie noch genießet! Man sage immerhin, es ist doch nur Gaukelspiel der entzükten Einbildungskraft, ein leicht verdunstender Rausch der Sinnlichkeit — o, nennt mir unterm Mond eine Seeligkeit, welcher die Einbildungskraft ihren Zauber nicht leiht! —

Flodoard und Rosamunde vergaßen nun zum erstenmahle, daß sie Menschen wären. Das Zimmer um ihnen her ward zum Himmel; die Erde der Altar Gottes, ihre Seufzer, ihre Küsse wurden Lobgesänge dessen, der das Hochgefühl der Liebe gab!

„Ich bin dir gut!“ lispelte Rosamunde und gedachte nicht ihrer Iduella: „ach, ich bin dir nur zu gut, Flodoard! —“

Der Jüngling antwortete nichts. Rosamunde stammelte ein leises, Ach! und Lippe glühte an Lippe, Busen stürmte an Busen, Arme hingen gewunden um Arme.

Und — plözlich eröffnete sich die Seitenthür.

Der Doge Andreas Gritti trat schon wieder herein. Der erwartete Fremde war, Kränklichkeiten halber, nicht erschienen. —

Flodoard und Rosamunde hörten den Hereinkommenden nicht.

Gritti stand bestürzt da, er sah der Scene einige Augenblikke zu, seine Mienen verzogen sich in ein sanftes Lächeln, er drehte sich um und ging wieder zurük.

Das Geräusch seines Kleides an der hohen Flügelthür erwekte die Trunknen aus ihrem Wonnetraum. Rosamunde riß sich mit Entsezzen los; Flodoard verlor seine Geistesgegenwart aber keineswegs.

„Gnädigster Herr!“ rief er dem Dogen nach — —

Der Herzog wandte sich um und Flodoard lag zu seinen Füssen.

Gritti sah mit stiller Würde und mit Ernst auf den Knieenden hernieder.

„Ich mag eure Vertheidigung nicht hören!“ sagte der Doge mit steigender Stimme.

„Nein,“ entgegnete Flodoard, mit festem Tone: „nein, gnädigster Herr, ich bedarf keiner Vertheidigung, daß ich Rosamunden liebe, wohl muß sich der vertheidigen, der sie nicht liebte! Ists aber ein Verbrechen, daß ich Rosamunden anbete, o so mag mich Gott von dieser Sünde frei sprechen, weil er Rosamunden so schön erschuf.“ —

„Ihr scheint auf eure wizzige Apologie vielen Fleiß verwandt zu haben; aber sie verfehlt ihren Zwek,“ versezte Gritti.

„Ich sag es noch einmahl, gnädigster Herr!“ erwiederte Flodoard, und stand auf: „entschuldigen will ich mich nicht. Aber ich will mehr, ich bitte bei euch um Rosamunden.“

Gritti stierte den Kühnen mit einem fremden Blik an.

„Freilich, gnädigster Herr, freilich bin ich ein armer Edelmann, und es scheinet Verwegenheit zu sein, wenn ein solcher um die Nichte des Venetianischen Doge buhlt. Aber, beim Himmel, ich glaube der große Gritti wird seine Rosamunde nicht an Männer verschenken, die nur mit Goldstükken, Grafschaften, und Titeln prahlen, oder sich in den Glanz ihrer Ahnen verhüllen, wenn sie nicht selber glänzen. — Ich gesteh es freilich, noch besizze ich keine Verdienste, die mich eurer Rosamunde würdig machen könnten, aber ich will sie mir erwerben. — —“

Der Doge drehte sich unwillig um. Rosamunde flog herbei und schlang ihren Arm um Grittis gebeugten Nakken. —

„Zürnet nicht!“ rief sie und verbarg ihr bethräntes Antliz an dem Busen ihres Oheims.

„Fodert!“ rief Flodoard; „was muß ich sein, was soll ich thun, um Rosamunden zu erhalten von euch. Fodert, es soll mir das Schwerste ein Kinderspiel werden. Beim Himmel, ich wünschte Venedig läge unter der gräslichsten Gefahr, oder euer Leben würde von zehntausend Dolchen bedroht — dann dürft ich hoffen Rosamunden zu verdienen. Ich rettete Venedig und schlüge zehntausend Klingen zurük. —“

Gritti lächelte bitter. „Ich habe,“ sagte er: „ich habe der Republik viele Jahre gedient; ich habe Leben und Blut gewagt, ich erwartete wenigstens zur Belohnung ein sanftes, glükseliges Alter — aber ich habe mich betrogen. Meine alten Freunde werden mir durch Banditen geraubt und — ihr, Flodoard, ihr nehmt mir nun noch diese einzige, die bisher meine lezte Freude war. — — Höre, Rosamunde, liebst du den Flodoard wirklich?“

Flodoard zitterte. Rosamunde ergriff des Jünglings Hand und — schwieg.

Gritti wandte sich aus Rosamundens Arme, und gieng langsam mit tiefem Ernste im Zimmer auf und nieder. Rosamunde warf sich auf einen benachbarten Sessel; und weinte. Flodoard beobachtete den Dogen.

So verstrichen einige Minuten. Es herrschte im Zimmer eine feierliche Stille; Gritti schien mit einem fürchterlichen Entschlusse schwanger zu gehn. Bekümmert erwarteten die Liebenden den Ausgang der Geschichte.

Plözlich blieb der Doge in der Mitte des Zimmers stehn. „Flodoard!“ sprach er, und Flodoard nahte sich ihm ehrerbietig: „Flodoard, ich habe den Entschluß gefaßt: Liebt euch meine Rosamunde, wohl, so mag sie es thun; ich will der Wahl ihren Herzens keine Schranken bauen. Aber Rosamunde ist mir viel zu theuer, als daß ich sie dem ersten besten überlassen könnte, der sie fodert. Der Mann, dem ich Rosamunden lasse, muß Rosamundens werth sein; sie soll eine Belohnung seiner Verdienste werden. Noch habt ihr euch nur geringe Verdienste um unsern Staat erworben — es ist jezt Gelegenheit da, euch ein sehr großes zu verschaffen. Schafft mir den Mörder Sylvios, Kanaris und Dandoli’s — schafft mir den fürchterlichen Banditenkönig Abaellino tod oder lebendig! —“

Flodoard trat bei dieser Foderung, an deren Erfüllung sein Wohl und Weh hieng, erblassend zurük. „Gnädigster Herr — —“ stammelte er.

„Ich weis, fuhr Andreas Gritti fort: ich weis sehr gut, welch eine Foderung ich wage, wenn ich den Abaellino fodre. Lieber will ich selber mich durch eine türkische Flotte schlagen und das Admiralschiff aus ihrer Mitte stehlen, als diesen Abaellino fangen, der mit der Hölle einen Bund geschlossen zu haben scheint, der allenthalben und nirgends ist, den viele gesehn haben und den keiner kennt, der den Wiz unserer Staatsinquisitoren, des Collegiums der zehn Männer und ihrer Spione zu Schanden macht; vor dem jeder edle Venetianer zitiert, vor dessen Dolch ich selber auf meinem Throne nicht sicher bin. — Ich weis es, was ich fodre, aber, Flodoard, ich weis auch, was ich gebe. Ihr seid verlegen? — Ihr schweiget? — Flodoard, ich habe euch lange genug beobachtet, ich habe in euch Spuren eines wahrhaft großen Geistes entdekt — darum wag ich die Foderung, ists einer vermögend, den Abaellino zu fassen, so glaub ich seid ihrs. — Nun?“

Flodoard gieng schweigend vor sich umher; ein fürchterliches Wagestük wars, das er unternehmen sollte, wehe, wenn Abaellino sein Vorhaben erfuhr! aber Rosamunde war der Preis! Er warf einen Blik auf das Mädchen, und sein Plan war entworfen, alles zu wagen.

Er gieng zum Dogen.

Gritti. (sanft) Nun, Flodoard?

Flodoard. (mit großem Nachdruk) Erhalt' ich warlich dann Rosamunden, wann ich euch den Abaellino überliefre? —

Gritti. Nicht eher.

Rosamunde. Flodoard! Flodoard! das Spiel endet sich schreklich — hüte dich selber vor Abaellinos Dolch!

Flodoard. (indem er mit den Zähnen knirscht) Still! — (gefaßt) Gnädigster Herr, gebt mit eure Herzogliche Hand darauf.

Gritti. Ich schwör es euch, Flodoard, schafft ihr mir den schreklichen Feind der Republik lebendig oder tod, so geb ich euch Rosamunden mit fürstlicher Aussteuer zur Gemahlin!

Flodoard. (hält schweigend die Hand hin)

Gritti. Hier empfangt meine Herzogliche Rechte.

Flodoard ging in Gedanken verloren durch das Zimmer. Im Thurme der St. Markuskirche schlug es fünf Uhr.

„Der Abend übereilt uns!“ tief Flodoard „wohlan so sei's; in vier und zwanzig Stunden überliefr' ich euch den fürchterlichen Banditen Abaellino.“

Gritti. (betroffen) Junger Mensch, versprecht weniger und leistet mehr.

Flodoard. (ernst und fest) Es gehe wie es gehe, ich halte entweder mein Wort, oder trete nimmermehr wieder über die Schwelle eures Pallastes. Ich habe Spuren und sichre Merkmahle von dem Bösewicht — entweder spiel ich morgen um diese Zeit ein Lustspiel, oder es werde in Gottesnamen ein Trauerspiel!

Gritti. Uebereilung ist gefährlich.

Flodoard. (mit Stolz) Ueber die Jahre der Uebereilung denk ich in meinem Leben hinweggesprungen zu sein. —

Rosamunde. (seine Hand fassend) Flodoard, Flodoard besinnet euch. Mein Oheim liebt euch, — nehmet euch vor Abaellinos Dolch in Acht!

Flodoard. Eben deswegen muß alles in vier und zwanzig Stunden, oder nie gethan werden. Wohlan, gnädigster Herr, ich will beweisen, daß die Liebe alles wagen kann — —

Gritti. Wagen freilich, aber ob erringen?

Flodoard. (dem man eine wachsende Verlegenheit ansieht) Macht mich nicht kleinmüthig, gnädigster Herr, seht, ich will euch bessern Muth geben. Habet die Gnade morgen Nachmittag in diesem Zimmer große Gesellschaft zusammenzubitten, Damen und Herrn, denn gewinn' ich morgen den Sieg, so erleb ich ein großes Fest. Ladet vorzüglich die Beisizzer des ehrwürdigen Gerichts der zehn Männer ein, damit sie doch den Abaellino von Angesicht zu Angesicht kennen lernen, mit dem sie so lange vergebens im Kriege lebten.

Gritti. (sieht ihn lange bedenklich an, endlich:) Sie sollen erscheinen.

Flodoard. Und ihr habt ja wohl, wenn ich nicht irre, einige neue Freunde an dem Kardinal Grimaldi, dem Nobile Kontarino, Memmo, Falieri und Parozzi erhalten. Sie sind auch meine Freunde vor kurzer Zeit geworden; ich wünschte sie wären morgen gegenwärtig.

Gritti. Sie sollen gegenwärtig sein.

Flodoard. Aber noch eins. Sagt niemanden früher die Ursach der Zusammenkunft, ehe sie nicht alle angekommen sind. Dann stellt rings um eueren Pallast Wache mit geladnen Gewehren und selbst vor den Thüren dieses Zimmers, mit dem strengen Befehl, jeden herein, niemanden, bei Todesstrafe, heraus zu lassen. Denn vor Abaellino ist niemand sicher.

Gritti. Es wird geschehn.

Flodoard. Morgen mit dem Glokkenschlage fünf, oder nie, sehn wir uns wieder!

Flodoard empfahl sich schnell. Rosamunde bebte am Arme des Herzogs und Gritti schüttelte den Kopf.

Drittes Kapitel.
Die nächtliche Verschwörung.

„Juchheisa!“ rief in der Mitternachtsstunde Parozzi im Zimmer des Kardinals Grimaldi, wo das ganze höllische Complot wieder beisammen war: die Sachen gehn treflich. Flodoard ist heut angekommen und Abaellino schon richtig bezahlt!

Grimaldi. Der Flodoard ist ein Schlaukopf, ich wünschte lieber, er bliebe am Leben und schlüge sich zu unsrer Parthei. Ich sage euch, Flodoard ist ein Schlaukopf!

Parozzi. Wie die Vagabonden immer sind.

Memmo. Und stolz ist er, stolz, als wär er Venedigs Herrgott.

Falieri. Rosamunde, wie ich erfahren habe, soll ihm nicht unhold sein.

Parozzi. O, Geduld, Abaellino bricht ihm den Hals, dann kann er mit dem Teufel und seiner Grosmutter liebeln.

Kontarino. Uebrigens hab ich troz aller Kundschaft seinetwegen in Florenz wenig erfahren. Es sollen einmahl, schreibt man mir, es sollen einmahl Flodoardo's in Florenz existirt, aber sich längst von da hinweg begeben haben, man wisse nicht, wohin? und zu dieser Familie Flodoardo müsse denn wohl unser Vagabond gehören.

Grimaldi. Der Doge hat euch also sämmtlich auf morgen Nachmittag zu sich eingeladen?

Alle. Wahrhaftig! wahrhaftig!

Grimaldi. (mit Selbstgefühl) Das freut mich, das freut mich. Ich sehe mit Vergnügen, daß meine Empfehlung bei ihm so vieles gewirkt hat. — Und morgen Abend ist bei ihm Ball mit Masken, wie mir sein Kammerdiener sagte?

Falieri. Freilich!

Memmo. Wenn er nur nicht um unsre Verschwörung weis — ich wäre des Todes!

Grimaldi. Er kann unmöglich davon wissen.

Memmo. Ei, zum Teufel, jeder Beutelschneider, Pflastertreter, Abentheurer, Bettler und wie das Lumpengesindel heissen mag, welches unsre Armee ausmacht, weis davon und er sollte noch nichts gewittert haben?

Kontarino. Du Narr, da gehts ihm, wie betrognen Ehemännern; jedermann weis, daß sie Hörner tragen, nur sie selber haben keine Notiz davon. Aber, wahrhaftig, wir müssen nun den Anfang machen, unsre Projekte zu realisiren, oder wir werden endlich verrathen. —

Falieri. Du hast recht, Bruder.

Parozzi. Die Misvergnügten, die sich auf unsre Seite geschlagen haben, sinds zufrieden, wenn der Betteltanz in dieser Nacht vor sich gienge.

Kontarino. Ich nehme morgen den Dogen auf mich, und steche ihn nieder. Dann ergeh es, wie es wolle. Entweder wir sind dann aus allen Bedrängnissen durch allgemeinen Aufruhr der Republik gerettet, oder wir seegeln mit vollem Winde aus dieser vermaledeiten Zeitlichkeit ab.

Parozzi. Wir versehn uns alle mit Gewehr.

Grimaldi. Das Kollegium der Zehnmänner ist sammt und sonders morgen gegenwärtig — —

Falieri. Alle müssen sie niedergemacht werden!

Memmo. Wenns nur zulezt nicht schreklich für uns selber abläuft.

Kontarino. Ei, du verdammter feiger Knabe, bleib zu Hause hinterm Ofen; aber sind wir durchgedrungen, so komm nicht und fodre deine Geldsummen wieder.

Memmo. Bei meiner Seel, Kontarino, an Muth fehlts mir nicht; willst du, ich messe mich mit dir in diesem Augenblik mit der Klinge. Aber dein unseeliger Hitzkopf fehlt mir.

Grimaldi. Und wenn alles verdorben ist, so macht es die Kirche wieder gut und das große Wort Sr. Heiligkeit.

Memmo. Aber wo sind denn die Briefe vom Pabst?

Grimaldi. (wirft ihm zwei Papiere vor) Lies, ungläubiger Thomas!

Memmo. Donner und Wetter, wir treiben also eine privilegirte Schurkerei! —

Grimaldi. Der Pabst muß uns schüzzen, ich sage, er muß, denn wir vertheidigen als gute Christen die Gerechtsame seines Stuhls in der Republik Venedig — schon das kann euch eine Quelle des Muths werden, wenn in der lezten Noth alles scheitern sollte. Keine Hand darf euch verlezzen!

Kontarino. Höre, Parozzi, es bleibt nach unsrer Abrede dabei, du bestellst unsre Bundesgenossen mit Waffen und Wehr in deine Behausung. Um Mitternacht verläßt du den Ball, und bemächtigst dich des Arsenals. Der Hauptmann Sebilli ist unser, und hält dort die Wache.

Grimaldi. Der Schiffkapitain Adormo wird auf das Signal der Sturmglokke zu uns stossen mit seinen Leuten.

Falieri. Es kann gar nicht fehlen!

Kontarino. Macht nur die Verwirrung so gros, als möglich, Freunde und Feinde müssen durcheinander wüthen, keiner muß wissen woher der Aufruhr, warum, und wohin! —

Parozzi. Bei meiner Seele, ich danke Gott, daß es endlich so weit gediehen ist.

Falieri. Hast du die weißen Armbinden unter unsre Leute ausgetheilt, Parozzi?

Parozzi. Schon vorgestern.

Kontarino. Halloh, Brüder, die Kelche gefüllt! so wie jezt sizzen wir nicht sobald wieder beisammen, als nach vollbrachter Arbeit! —

Memmo. Laßt uns noch einmahl alles weislich überlegen!

Kontarino. Pfui! Ueberlegung ist das Kind der kalten Vernunft, und diese gilt in der Rebellion nicht. Hier spricht die Verzweiflung. Nur erst das Werk begonnen, das Staatssystem Venedigs mit Heldenmuth über einander geworfen, bis keiner mehr weis, wer Herr, und wer Unterthan sei, dann kann die Ueberlegung kommen, um zu rathen, wie weiter! — lustig, eingeschenkt! — Der Doge bietet uns durch seinen Ball die Hand — ha, ha, ha!

Parozzi. Den Abaellino müssen wir nothwendig vorher sprechen.

Kontarino. (schwänkt den Weinbecher) Es lebe Abaellino!

Alle. (trinkend) Abaellino! Abaellino!

Grimaldi. Und glüklichen Ausgang der künftigen Nacht!

Memmo. Ja, wohl! ja wohl!

Alle. Ein glüklicher Ausgang!

Parozzi. Wo sizzen wie übermorgen Nacht?

Viertes Kapitel.
Der wichtige Tag.

Am folgenden Morgen war alles so ruhig in Venedig, als wäre nichts geschehn, und doch war es gewiß, daß dieser Tag einer der merkwürdigsten in diesem Staate werden mußte.

Im Herzoglichen Pallaste war alles schon sehr früh erwacht. Der bekümmerte Gritti verlies ungewöhnlich zeitig das Nachtlager, auf welchem er sich dießmal schlaflos und sorgenvoll hin und her gewälzt hatte. Rosamunde hatte vom schönen Flodoard geträumt und wachend sezte sie ihre Träumereien fort. Iduella hatte unruhig geschlafen; sie liebte Rosamunden zu sehr und wußte schon welch ein intressanter Tag für das arme liebende Geschöpf der heutige werden würde. Aber Rosamunde war ungemein heiter; sie scherzte mit Iduellen, sezte sich zu ihrer Harfe und sang sich das Lied ihres Lieblingsdichters:

Liebe, Liebe, Kind des Himmels,
Aller Welten Königin,
Durch die Graun des Weltgetümmels
Warst du meine Führerin.
Früh hat mich dein Arm umschlungen,
Früh dein holder Geist bezwungen,
Früh dein Rosenmund geküßt.

In dem Morgentraum des Lebens
Sog des Lebens erste Lust
Stiller Wonne, frohen Lebens
Lieb o Lieb an deiner Brust!
Ach, von deinem Arm geschaukelt,
Deinen Tändelein umgaukelt
Froh zu früh der Morgentraum!

Deinen Namen, deinen Stämpel
Trägt die Schöpfung immerdar;
Sieh, der Himmel ist dein Tempel
und die Erde dein Altar —
Ja, so lange meine Augen
Noch den Reiz der Schöpfung saugen,
Bet' ich dich, o Liebe, an!

Aber Rosamundens selige Laune verschwand, als der Mittag heranrükte und vorüberzog. Aengstlich wankte sie hier und dahin; ihr Herz klopfte ungestüm, in Erwartung fürchterlicher Auftritte.

Schon versammelten sich die Vornehmen Venedigs im Pallast ihres Oheims, schon war der schrekliche Nachmittag da, und der Doge sandte Iduellen an sie ab, in den großen Saal sie zu führen, wo die Herrn und Damen ihrer harrten.

„Gott! o mein Gott!" rief sie leise: „laß alles wohlgelingen."

Blas wie eine Leiche trat sie in das Zimmer, in welchem sie gestern ihren Flodoard Liebe bekannt hatte und Flodoard — war noch nicht da.

Die Gesellschaft war glänzend und heiter gestimmt; man sprach von Stadtnovellen, europäischen Staatsangelegenheiten. Kontarino und Grimaldi unterhielten sich mit dem Dogen; Memmo, Falieri und Parozzi standen in einem Winkel schweigend beisammen.

Draussen wars trübe und dunkel; es stürmte der Wind in den Wellen des Kanals und den Wetterfahnen der Palläste am Markusplaz; ein Regenschauer folgte dem andern.

Es schlug vier Uhr. Rosamunde ward blässer, als vorher. Gritti befahl dem Kammerdiener etwas leise ins Ohr. Man hörte bald darauf Männer von aussen wanken, und Waffen klirren an den Thüren des Saals.

Eine plözliche Stille herrschte durch die Gesellschaft. Die jungen Nobili stokten in ihren Liebeserklärungen vor den Damen; die Damen vergaßen ihre Modeneuigkeiten; die Staatsmänner starrten sich an und brachen ihre politischen Discourse ab.

Der Doge trat langsam in die Mitte der Versammlung. Jedes Auge wandte sich zu ihm. Hoch schlug den Verschwornen das Herz.

„Wundert euch nicht, meine Lieben, über jene seltsamen Anstalten!" redete Andreas Gritti, Venedigs Herzog, sie an: „Es hat nichts zu bedeuten, was dem Vergnügen dieser Gesellschaft gefährlich sein könnte. Euch allen wird der Bandit Abaellino bekannt sein, der Mörder des braven Prokurator Sylvio und meiner getreuen Räthe Kanari und Dandoli. Dieser, vor welchem jeder rechtschaffne Republikaner zittern muß, dem nichts heilig und ehrwürdig heißt, der allen Troz bietet, die ihm drohen, — dieser höllische Auswurf wird vielleicht binnen einer Stunde in diesem Saale vor unsern Augen erscheinen!"

Alle. (erstaunt) Abaellino? Abaellino?

Grimaldi. Freiwillig?

Gritti. Nein, freiwillig in der That nicht. Aber Flodoard von Florenz hat gelobt unsrer Republik diesen wichtigen Dienst mit Gefahr seines Lebens zu leisten, es koste was es wolle, den Abaellino zu fangen, und hieher zu bringen.

Einer der Beisizzer des Zehengerichts. Viel, unendlich viel gelobt!

Ein andrer. Ich zweifle an der Vollführung des Gelübdes!

Ein dritter. Aber bei Gott, Flodoard machte sich uns die Republik zu großen Schuldnern.

Ein Vierter. Wahrhaftig, wie soll der Staat dem Flodoard vergelten.

Gritti. Die Vergeltung übernehm ich allein. Flodoard hat um die Hand meiner Nichte angehalten — ich gebe sie ihm.

Alle. (sehn sich schweigend unter einander an, theils mit Blikken der höchsten Zufriedenheit, theils des Erstaunens)

Falieri. (leise) Parozzi, was meinest du?

Memmo. Ich habe das kalte Fieber, so wahr Gott lebt!

Parozzi. (heimlich lachend) Abaellino wird sich fangen lassen! —

Kontarino. Meine Herrn, hat einer von euch schon den Abaellino von Angesicht zu Angesicht gesehn?

Einige. Wir nicht! wir nicht!

Ein andrer. Es ist ein Gespenst, der nur dann und wann und sehr unverhoft und ungebeten erscheint.

Rosamunde. Ich vergesse das Ungeheuer nicht — (sie erzählt einigen Damen leise)

Gritti. Und wie er mir erschienen ist, wird euch bekannt sein.

Memmo. (zu einigen Senatoren) Ich habe mir von dem Ungeheuer tausend Wunderdinge erzählen lassen — er ist der Teufel in menschlicher Gestalt — ich halte nicht für gut, daß man ihn in diese Versammlung bringt, denn er ist fähig hier ohne Gnade einen nach dem andern zu erwürgen.

Mehrere Damen. Gott bewahre, in dieses Zimmer?

Kontarino. Die Hauptsache ist, ob ihm Flodoard, oder er den Flodoard besiegt. Und ich geh eine schwere Wette darauf ein, daß Flodoard unverrichteter Sache abzieht.

Ein Senator. Und ich halte die Wette mit, daß nur ein einziger Mann in Venedig es unternehmen darf den Abaellino zu fangen — und der eine ist

Flodoard von Florenz; eben der, von dem ich längst prophezeit habe, er werde in den Jahrbüchern der Welt einmahl eine glänzende Rolle spielen —

Ein andrer. Ihr habt recht, Sennor, ich bin erstaunt über ihn, als ich zum erstenmahle in seine Gesellschaft trat.

Kontarino. Tausend Zechinen! Abaellino läßt sich nicht greifen, oder er wäre denn gestorben.

Der erste Senator. (hizzig) Tausend Zechinen, Flodoard hascht ihn —

Gritti. Und liefert ihn tod oder lebendig.

Kontarino. Ihr, edle Venetianer, seid Zeugen: (er reicht dem Senator die Hand) (sie geben sich die Hände.)

Senator. Die Wette gilt.

Kontarino. (lachend) Ich danke euch für die tausend Zechinen, Sennor! Abaellino ist ein feiner Gauch — gewiß Flodoard hat Ursach sich zu hüten.

Grimaldi. Hat Flodoard die Sbirren zur Hülfe?

Gritti. Keinen, als sich selber. Seit gestern ist er nun schon abwesend, um auf den Banditen Jagd zu machen.

Grimaldi. (mit einem triumphirenden Lächeln zu Parozzi) Glük zu, Sennor!

Parozzi. (mit einer erfurchtsvollen Verbeugung) Gewiß, Ew. Eminenz prophezeien wahr.

Memmo. Ich lebe wieder auf. Nun, nun! man wird doch sehen!

Drei und zwanzig Stunden waren vorüber, seit dem Gelübde des kühnen Flodoard — die vier und zwanzigste brach an und er kam noch nicht.

Fünftes Kapitel.
Höllenangst.

Der Doge wurde unruhig. Der Senator fieng an für seine tausend Zechinen zu zittern, und Kontarino und seine Parthei lachten schadenfroh, wie wohl Kontarino laut bekannte: er wünsche lieber tausend Zechinen und zwei tausend zu verlieren, weil mit der Gefangenschaft Abaellinos die allgemeine Sicherheit der Republik gewönne.

Es schlug im Thurme der St. Markuskirche fünf Uhr — Rosamunde bebte; Todesschweis perlte von ihrer schönen Stirn. Flodoard kam noch nicht.

Der alte Andreas Gritti liebte Flodoarden wirklich — jezt schauderte er zum erstenmal vor dem Gedanken, daß Abaellinos Dolch gesiegt haben könne.

Rosamunde gieng zum Herzog, sie schien ihm etwas sagen zu wollen, aber die Angst lähmte ihre Zunge, eine Thräne quoll in ihrem Auge hervor. Sie verbarg die Angst und ihre Thräne so meisterhaft, als es sich immer hier thun lies — in einem Winkel warf sie sich auf einen Sessel nieder, rang die Hände und ihre Seufzer flehten Hülfe von dem barmherzigen Gott.

Die übrige Gesellschaft trippelte in sichtbarer Verlegenheit umher; man wollte fröhlich sein, aber auch nicht einmal der Schein der Fröhlichkeit konnte affektirt werden.

So verflos wieder eine Stunde, und Flodoard kam nicht.

Jezt brach die Abendsonne lächelnd hinter den Regengewölken hervor, ein Strahl der sinkenden Tageskönigin fiel auf Rosamunden — und Rosamunde wurde, sie wußte nicht, warum? froh.

Kontarino. Um fünf Uhr wollte Flodoard den Abaellino liefern! — es sind anderthalb Stunden darüber.

Senator. Wenn er ihn nur liefert, mögen dann auch anderthalb Wochen darüber sein.

Gritti. Nein! — still! — ich höre draussen Geräusch. — —

Die Flügelthüren sprangen auf und Flodoard trat allein herein im Reisekleide und Regenmantel. Wild und wüst flog sein Haar, düster rollte sein Auge durch die Gesellschaft. Er ris den Federhut vom Kopf herab und begrüßte die Versammlung.

Alles drehte sich zu ihm hin, jeder Mund schien zehn Fragen zu haben, jedes Auge studierte seine Mienen.

„Jesus! schrie Memmo: mir ahndet was!"

„Seid ohne Sorgen, Sennor!" murmelte Kontarino.

„Edle Venetianer, sprach Flodoard, und seine Sprache war die Stimme des Helden: wahrscheinlich hat unser Durchlauchtigster Herr euch die Ursach dieser Zusammenkunft gemeldet — ich will jezt eure Sorgen lösen. Aber vorher frag ich noch einmahl, gnädigster Herr, wird Flodoard Rosamunden zur Gemahlin erhalten, wenn er den Abaellino in eure Hände liefert?"

Gritti. (ihn mit den Augen messend) Habt ihr den Abaellino?

Flodoard. Empfang ich Rosamunden?

Gritti. Ohne Widerspruch, ja! ihr empfangt sie mit einem fürstlichen Brautschaz.

Flodoard. Ihr Edeln von Venedig, ihr habt das Wort des Dogen gehört!

Viele Senatoren. Wir haben's gehört!

Flodoard. (indem er drei Schritt durch den Saal macht) Wohlan, Abaellino, ist in meiner und eurer Gewalt!

Alle. (im wilden Tumult) Hilf Himmel! — Wo ist er! — Jesus Sohn Gottes! — Abaellino!

Gritti. Tod oder lebendig?

Einige. Tod oder lebendig, Sennor?

Flodoard. (ernst) lebendig!

Alle (in sprachloser Verwunderung oder mit Entsezzen ihm nachlallend): Lebendig! lebendig!

Grimaldi. (mit der Hand über die Stirn fahrend) Lebendig!

Kontarino. Das geht ins weite.

Rosamunde. (Iduellens Hand küssend) Hörst du, Iduella! Iduella! lebendig!

Senator. Sennor Kontarino, tausend Zechinen!

Kontarino. (durch die Zähne) Mit Vergnügen!

Flodoard. (mit einem schweren Seufzer) O gnädigster Herr — —

Gritti. (sanftlächelnd) Die Republik ist deine Schuldnerin, mein Sohn.

Einige Senatoren. Und wir danken euch jezt, heldenmüthiger Florentiner, für eure unbegreifliche Heldenthat. Die Republik wird vergelten.

Flodoard. (den Arm traurig nach Rosamunden ausstrekkend) Dort, seht sie dort meine Vergeltung.

Gritti. (mit Freudestrahlenden Antliz) Führe den Bluthund Abaellino hieher — ich kenne ihn. Es war eine Zeit, da sagte er zu mir: Herzog, ich messe mich mit dir, die Erde trägt selten auf einem so schmalen Strich Landes zwei so große Männer — führe doch den grossen Mann hieher!

Senatoren. Wo ist er? wo ist er?

Einige Damen. (in schreklicher Furcht) Um Gotteswillen — —

Flodoard. (schmerzhaft lächelnd) Fürchtet euch nicht mehr vor ihm, schöne Venetianerinnen, er hat ja nun seine Braut! (indem er auf Rosamunden deutet)

Falieri. (erblassend) Ist er hier schon im Pallast?

Flodoard. Hier im Pallast.

Ein Senator. Warum laßt Ihr uns so lange in banger Erwartung schweben?

Flodoard. (führt den Dogen zu einem Lehnsessel) Wohlan, so mag die Komödie beginnen! — Abaellino soll erscheinen. Tretet alle an die Seiten!

Wie von einem Sturmwind fortgerissen flog alt und jung erschrokken zurük nach den Wänden. Allen klopfte hoch das Herz; keinen aber mehr, als den Verschwornen, die mit Höllenangst der Erscheinung Abaellinos entgegenharrten.

Der Doge Andreas sas ernst und ruhig in seinem Stuhle, wie ein Richter zum Gericht des Banditenfürsten. Einzeln, in besondern Gruppen standen die Anwesenden mit verschiednem Mienenspiel da — wie am Weltgerichtsmorgen die Schatten der Seeligen und Verdammten einst untereinandergemischt, und doch grell von einander verschieden dastehn werden. Die schöne Rosamunde lehnte sich in ruhiger Engelsunschuld an Iduellens Achsel und musterte mit durstgen Augen ihren großen Liebling. Die Verschwornen mit langen, bleichen Gesichtern und hin stierenden Augen formirten den Hintergrund. Dumpfe Stille waltete über die Versammlung; kein Odemgeräusche störte sie.

„Und nun soll der schrekliche Abaellino vor euch erscheinen; zittert nicht, er wird keinen verlezzen!“ rief Flodoard aus, drehte sich um, ging zur Flügelthür, wischte sich über das Gesicht, warf den Mantel ab, kehrte wieder um — und wie durch ein Gaukelspiel, war Flodoard in Abaellino verwandelt! —

Sechstes Kapitel.
Geistererscheinungen.

Ein lautes Zetergeschrei scholl plözlich durch den Saal — Rosamunde stürzte ohnmächtig zusammen, die Verschwornen schnappten nach Luft, die Damen kreuzigten und segneten sich, die Senatoren standen leblos wie steinerne Puppen umher und Andreas Gritti verlor im Schrek Gehör und Gesicht.

Abaellino stand ruhig da in seiner ganzen furchtbaren Häßlichkeit, in seinem Banditenhabit, mit dem Gürtel voller Pistolen und Dolche, mit dem abscheulichen verzerrten, gelben Gesicht, über dem rechten Auge ein

Pflaster, das linke hinter Fleischrunzeln halb verschwollen. Er grinste nach einer Minute rings umher, und trat dann ·zum erstarrten Doge.

„He!“ rief er mit heisrer, grölzender Stimme: „kennt ihr noch den Abaellino, hier ist er, mit Leib und Seele ist er hier, gnädiger Herr, um seine Braut einzuhohlen!“

Andreas Gritti seufzte tief auf, starrte den Ausbund der Hölle mit einem schreklichen Blik an und rief: „so bin ich noch nie hintergangen!“

„Wache! Wache!“ schrie Grimaldi, der Kardinal, und Abaellino zog eine Pistole hervor aus dem Gürtel, spannte den Hahn und drohte zu ihm herüber: „der erste,“ rief er, „der erste, der Wache schreit, oder eine Bewegung macht, ist in dieser Minute des Todes. Glaubt ihr, daß ich mich selber hier überliefern, selber die Wachen an den Thüren bestellt haben würde, wenn ich mich vor ihnen fürchtete, oder wenn ich euch entrinnen wollte? Ja, ich will euer Gefangner sein, aber ohne Gewalt; ich will euer Gefangner sein, dazu bin ich hier erschienen. Fangen soll den Abaellino kein Mensch, er muß selber kommen, um sich seinen Richtern zu überantworten. Oder glaubt ihr, der Abaellino sei der gewöhnlichen Bravo's einer, der vor den Sbirren läuft, aus Armuth oder Leidenschaft meuchelmordet? nein, beim Himmel, nein, der bin ich nicht! war ich Bandit, so war ich Bandit aus Grundsäzzen! —“

Gritti. (die Hände zusammenwerfend) Großer Gott, ist es möglich?

Ein schauerliches Stillschweigen wohnte im Saale. Jeder gehorchte der Stimme des großen Banditen, der mit der Majestät des höllischen Monarchen durch den Saal schritt, wenn anders der Teufel Majestät besizzen kann.

Rosamunde schlug die Augen auf — ihr erster Blik haftete auf den verwandelten Flodoard.

„O!“ rief sie: „Allbarmherziger, es ist nicht möglich — es ist ein satanisches Blendwerk!“

Abaellino. (zu ihr tretend) Nein, kein Blendwerk, Rosamunde; dieser Bandit Abaellino ist dein Flodoard von Florenz.

Rosamunde. Geh, geh, entsezlicher Lügner, es ist nicht möglich! — du und Flodoard, Seraph und Satan! wer schmilzt die zusammen? Flodoard handelte gros und gut, wie ein Halbgott — ich habe von ihm gelernt tugendhaft zu handeln. Er war ohne Leidenschaft, zu jeder schönen That willig. Elend und Kummer ertrug er um des Guten willen, die Thränen der Leidenden abzutroknen — das waren seine Triumpfe! — Höllischer

Bösewicht, den die Schaaren der Ermordeten vor Gottes Richterstuhl längst verklagt haben, prahle nicht mit Flodoards Namen.

Abaellino. (mit Stolz) Rosamunde, du bist — — — ein Weib. Sieh her, ich und dein Flodoard sind eins — sieh her! sieh her!

Abaellino riß das Pflaster vom Auge, rieb mit seinen Tuch im Gesicht umher, faltete die verzognen Mienen in ihre natürliche Ordnung zurük, strich die schwarzen Haare von der Stirn, und siehe da, der schöne Flodoard stand in Abaellinos Banditentracht vor den Augen der Versammlung.

Abaellino. Sieh, Rosamunde, siebenmahl will ich mein Gesicht noch verwandeln vor deinen Augen, und so täuschend, daß du mich in Ewigkeit nicht erkennen solltest. Aber dieß Gesicht ist Flodoards Angesicht, ich will es vor der Hand beibehalten.

Grimaldi. Entsezlich!

Die Senatoren. (durch einander murmelnd) Unerhört! Schreklich!

Abaellino. (liebreich zu Rosamunden) Nun? — versöhnst du dich mit mir?

Rosamunde. (ihn anstarrend) Flodoard, du bist kein Mensch!

Abaellino. (sich zu ihr hinabbeugend) Rosamunde — Rosamunde — bist du mein?

Rosamunde. (mit schaudernder Verlegenheit) Flodoard — ach, daß ich dich nie gesehn, nie geliebt hätte!

Abaellino. Willst du nun noch die Braut Flodoards — die Banditenbraut sein?

Rosamunde. (sieht ihn schweigend an, mit sich selber im fürchterlichen Kampf.)

Abaellino. Sieh, Mädchen, um deinetwillen hab ich mich selber verrathen — selber hingeliefert — — ach, Rosamunde, ich könnte noch mehr thun! — doch still! Rosamunde, nur eine Sylbe laß mich hören von deiner Lippe, nur ein armseliges Nein, oder Ja! Rosamunde, liebst du mich noch? — —

Rosamunde antwortete nicht. Ihr Auge sah zu ihm empor, schuldlos und liebevoll, wie das Auge eines Engels, und ihr Blik bekannte dem verführerischen Bösewicht, Liebe. Ihr Busen stürmte ungestüm — ungestüm wie das Meer der Gedanken und Empfindungen in ihrer Seele. Sie sank in Iduellens Arm zurük und Iduella weinte eine mitleidige Thräne auf ihren Liebling herab.

Der Doge sprang in diesem Augenblik wild vom Sessel auf; sein Auge blizte Wuth, seine Unterlippe zog sich höher hinauf; sein Odem flog heftiger. — Die Senatoren sahn ihn, warfen sich ihm vor und hielten ihn gewaltsam zurük. Abaellino inzwischen gieng ihm mit befremdender Kälte entgegen, und bat ihn sich zu beruhigen.

„Werdet ihr mir euer Wort halten, gnädigster Herr? — ihr gabt es mir, des sind jene edeln Venetianer und Venetianerinnen Zeuge."

Gritti. (wild) Abscheulicher Bösewicht, dein Plan ist fein, boshaft und schreklich angelegt, mich zu betrügen. Sagt, Venetianer, bin ich verpflichtet, einem solchen fürchterlichen Gauner Wort zu halten? Da geht er hin und spielt eine betrügerische blutige Rolle: mordet Venedigs bravste Männer für Lohn, um mit dem Blutgelde in Venedig Aufwand zu machen. Dann kömmt der abgefeimte Abentheurer unter der Maske eines Biedermanns, verführt meine unglükliche Rosamunde zur Liebe, fodert mir das Mädchen ab, unter der Bedingung den Abaellino zu schaffen — stellt sich dann selber ein, verlangt die Erfüllung meines Versprechens und erwartet schlau genug zugleich Amnestie seiner Verbrechen. — Sagt, Venetianer, darf ich dem Bösewicht Wort halten.

Alle. Nimmermehr, nimmermehr!

Abaellino. (mit Ernst) Auch dem Fürsten der Finsternis müsset ihr euer Versprechen halten, wenn ihrs einmahl von euch gabet. O, Pfui, pfui, Abaellino, so hast du dich denn schreklich verrechnet: mit Biedermännern glaubt ich zu handeln, pfui, und ich lies mich betrügen! — (mit schreklichem Ernst) Noch einmahl und zum leztenmahle: soll das herzogliche Wort gebrochen sein?

Gritti. (richterlich) Entwaffnet euch.

Abaellino. Und ihr wollt mich verstoßen — ich habe mich umsonst in eure Hände geliefert?

Gritti. Dem braven Flodoard hätt ich Rosamunden nicht verweigert, aber dem Mörder Abaellino hab ich nichts in der Welt versprochen.

Abaellino. Hi, hi! meine Mordthaten drükken euch ja nicht, sondern mich; dereinst will ich die Sache vor dem Richter der Welt schon ausfechten.

Grimaldi. (zum Doge) Welche Gotteslästerung!

Abaellino. O, Herr Kardinal, bittet doch für mich — ihr kennt mich ja, ich bin ein guter Kerl.

Grimaldi. (mit Zorn und geistlicher Hoheit) Elender, was hab ich mit dir zu schaffen?

Abaellino. Soll ich also wahrhaftig verdammt werden? He da, nimmt sich keiner von euch des armen Abaellino an? (Eine Pause) Alle schweigen? gut, so eile denn alles zu Ende mit mir!

Rosamunde. (aufspringend, und zu den Füssen des Dogen) Gnade! Gnade! Barmherzigkeit für ihn!

Abaellino. (mit Seeligkeit) Oh, oh! ein Engel betet für mich in der leztcn Stunde.

Rosamunde. Erbarmen für ihn, mein Vater, Erbarmen für ihn! war er ein Sünder, so richte Gott über ihn! — ach, ich liebe ihn noch!

Gritti. (sie von sich stoßend) Weg, Geschöpf, ich kenne dich nicht!

Abaellino. (steht mit verschränkten Armen da und weidet sich an der Szene)

Rosamunde. (auf dem Erdboden sich halb erhebend) Habet ihr mit ihm kein Erbarmen, so habet es nur mit mir nicht. Richtet ihr ihn, so richtet mich zuvor! — — Vater, — Vater! verstoßet mich nicht.

Gritti. (zum Abaellino im ernsten Ton) Entwaffnet euch!

Abaellino. Und ihr könnt es kalten Auges ansehn, wie sich dies Lamm zu euern Füssen windet? — geht, ihr habt sie nie geliebt, diese Rosamunde. — (Er hebt sie vom Boden auf und trägt sie zu Iduellen) Jezt ist sie mein! — ich sag es euch, jezt ist sie mein, und der Tod soll uns erst von einander scheiden.

Venetianer, es scheinet als wollet ihr jezt Gericht über mich halten, es scheint, als wolltet ihr den Stab über mich brechen — wohlan, es sei euch erlaubt! aber zuvor will ich mit mehrern von euch erst richten.

Seht hier, ich bin der Mörder Sylvios, der Mörder Dandolis, der Mörder Kanari's! ich leugne es nicht; wollt ihr nun die Herren kennen lernen, die mich dazu besoldeten — so seht, Venetianer, seht auf jene Schurken da — ein, zwei, drei, vier — Grimaldi, Parozzi, Memmo, Falieri und Kontarino. — Diese laßt in Verhaft nehmen.

Versteinert und entgeistert standen die genannten da — das verrätherische Gewissen blinzelte durch die starren Augen, durch die bleichen Wangen hervor und Abaellino wurde von keinem widerlegt.

„Was ist das?“ frugen sich die Senatoren erschrokken untereinander.

„Ein schändlicher Gaunerkniff!“ lallte der Kardinal Grimaldi, „rachsüchtig will nun der Boshafte uns in seinen Prozeß verwikkeln, da er sieht, daß ihm nichts zu seiner verlornen Freiheit verhilft!“

Kontarino. (sich ermannend) Er war in seinem Leben der größte Bösewicht und will es nun auch im Tode sein.

Abaellino. (mit Majestät) Schweigt! ich kenne euer ganzes Komplot, kenne eure Proscriptionslisten, kenne euern Anhang, und indem wir hier mit einander sprechen, nimmt man die Herrn mit den weissen Armbinden gefangen, die in der kommenden Nacht Venedig umdrehn sollten. — Vertheidigt euch nicht.

Gritti. (erstaunend) Was soll das sein?

Abaellino. Nichts mehr und nichts weniger, gnädigster Herr, als eine enthüllte Verschwörung wider den Staat und euer Leben. — Seht, so erhält euch ein Bandit zur Dankbarkeit euer Leben, weil ihr ihm bald das seinige rauben werdet.

Ein Senator. (zu den Angeklagten) Edle Venetianer, ihr schweiget.

Abaellino. Hier sind alle Vertheidigungen fruchtlos — ihre Bande ist auf meinem Befehl jezt desarmirt, und in die Gefängnisse des Staats vertheilt — besuchet sie, da werdet ihr mehr erfahren. — Uebrigens bildet euch nicht ein, daß ich um und in diesen herzoglichen Pallast die bewaffneten Soldaten um des fürchterlichen Banditen Abaellinos willen hinstellte, nein, sondern um jene Helden dort in engere Verwahrung zu führen. —

Und nun, Venetianer, ich habe mit Gefahr meines Lebens den Staat gerettet, ich habe mich als Bandit in die Versammlungen der Gottlosen gewagt, habe Sturm und Regen, Frost und Hizze ertragen, habe, wenn ihr schliefet, für Venedig gewacht, und ich darf noch auf keine Belohnung Ansprüche, machen? Das alles hab ich für Rosamunde von Korfu gethan, und ihr wollt sie mir verweigern; ich habe euch euer Leben, euch das Leben eurer Weiber und Kinder erhalten — Menschen, Menschen und ihr wollt mir das meinige rauben. —

Seht doch, wie jene Bösewichter dastehn, von Gott verdammt und ihrem innern Richter. Oeffnet sich wohl ein Mund zur Rechtfertigung? widerlegt mich einer auch nur mit einem Kopfschütteln? — Ich will euch von meiner Ehrlichkeit noch besser überzeugen. (Indem er sich zu den Verschwornen wendet.) He da, bekennet die Wahrheit — derjenige, der sie unter euch zum ersten gesteht, soll Gnade erhalten im Gericht, das versprech ich, der Bandit Abaellino.

Die Verschwornen schwiegen. Endlich nahte sich Memmo einem der Senatoren zitternd. — „Venetianer!“ lallte er: „Abaellino lüget nicht!“ —

„Er lüget! er lüget!“ riefen mit einemmahle Falieri, Grimaldi, Kontarino und Parozzi.

Still! schrie Abaellino und fürchterlicher Grimm blizte aus seinen Gebehrden: „Still! laßt mich sprechen — oder besser noch, laßt die Geister der Ermordeten sprechen. Hollah, ho!“ schrie der Fürchterliche und sprengte die Flügelthüren voneinander und siehe die längst beweinten, längst betrauerten Edeln traten herein, Sylvio, Kanari und Dandoli!

„Verrätherei!“ brüllte Kontarino und sties sich einen verborgen gehabten Dolch ins Herz.

Welch ein Auftritt!

Weinend sank Andreas Gritti in den Arm seiner todgewähnten Freunde; weinend schlang das lebende Kleeblatt großer Männer sich um den Freund und Waffenbruder und Herzog. — Erst in den Wohnungen des Himmels glaubten sich diese schönen Seelen, diese Helden, wieder finden zu können, und sie fanden sich nun auf Erden wieder zusammen. Sie die einstens als Jünglinge mit einander aufwuchsen, mit einander für das Wohl ihres Vaterlandes fochten, hingen jezt als Greise hier umeinander. Gerührt standen die Zuschauer da, und die alten ehrwürdigen Senatoren konnten sich bei dieser heiligen Szene der Thränen nicht erwehren. Man hörte und sah in dieser seeligen Trunkenheit nichts — hörte und sah nicht, daß die Verschwornen und der Selbstmörder Kontarino der Wache überliefert wurden — hörte und sah nicht Rosamunden, die sich schluchzend an die Brust des schönen Abaellino warf und überlaut schrie: Dieser — dieser ist kein Mörder!

Aber man ermannte sich endlich. Die Besonnenheit kehrte zurük. — „Heil dem Erretter der Republik!“ schrie man und weinte man laut und umringte den Abaellino.

Abaellino, vor einigen Minuten noch von allen verdammt, stand hehr und gros unter der entzükten Menge da, wie ein Gott, und an ihm hinauf schlang sich die schöne Rosamunde.

„Ich bin nicht Abaellino, nicht Flodoard von Florenz,“ sprach er sanft lächelnd: „ich bin der vertriebne Graf Obizzo von Neapel. Ich kam hieher als ein Bettler; Banditen nahmen mich in ihren Bund auf, und ich ergrif mit Freuden ihr unseeliges Gewerbe, theils um Venedig von dieser Menschenklasse selber zu reinigen, theils um auch diejenigen Buben kennen zu lernen, in deren Solde diese Meuchelmörder standen. Ich überlieferte euch die Banditen, und ihren Anführer ermordete ich vor Rosamunden mit eigner Hand. Ich war in Venedig der einzige Bandit; an mich mußten sich alle Schurken wenden; ich lernte sie und ihre Pläne kennen und ihr kennt sie jezt auch. Sylvio, Kanari und Dandoli sollten hingerichtet werden — wollten diese Männer nicht durch die Dolche andrer fallen: so mußten sie mit mir flüchten. Ich brachte sie durch Gewalt, Güte und List an einen Ort, wo sie sicher vor jeder Entdekkung waren, bis zum heutigen Tage. Sie entwarfen mit mir Pläne für die Zukunft und wie man die Verschwornen fassen müsse — das alles ist jezt ausgeführt und nun Venetianer, wollt ihr mich noch verdammen?"

„Dich verdammen?" riefen Doge, Senatoren und Nobili, und jeder ris ihn an sich, und drükte ihn nassen Auges an sein Herz.

„O!" rief Andreas Gritti, indem er seine Augen trocknete: „ich gebe meine herzogliche Müzze dahin, wenn ich ein Bandit werden konnte, wie du! — Grosser Bandit, du hast mich überwunden, du bist größer, als ich! Nimm hin meine Rosamunde, nimm hin; etwas bessers hab ich nicht, sie gilt mir theuerer, als ein Kaiserthum — nimm sie hin!"

„Abaellino!" jauchzte Rosamunde, und küßte den schönen Banditen mit Glut.

„Rosamunde!" rief Abaellino und vergas in dieser Umarmung die ganze Welt.

Siebentes Kapitel.
Nachschrift.

Freilich wär es so unrecht nicht, wenn man sich jezt zwischen den Graf Obizzo der schönen Rosamunde und dem alten Doge hinsezzen, und Obizzo's Erzählung von seiner Herkunft und seinen ehmahligen Abentheuern, die ihn nach Venedig trieben, mit anhören könnte — allein hier sind vorläufig nur zwei Fragen zu beantworten, die alles entscheiden. Erstlich: hört man mir gern zu, wenn ich Märchen erzähle? — Zweitens: Hab ich auch Zeit genug übrig Märchen zu erzählen? —

CPSIA information can be obtained
at www.ICGtesting.com
Printed in the USA
LVHW031750010323
740520LV00003B/1005

9 789356 894037